기획구성 아사히 신문 출판사 만화 마시코사토미 총감수 고시바 마사토시

Why +
과학하는 마음을 키우는
플러스

지구

기획편집 아사히 신문 출판사 **만화** 마시코사토미 **번역** U&J
총감수 고시바 마사토시
감수 마나베 마코토(국립과학박물관 지구과학연구부 주임연구관) 아베 카즈히로(홋카이도 의료대학 교수)
이마이즈미 타다아키(일본 동물과학연구소 소장) 타나카 히로시(츠쿠바대학교 계산과학 연구센터 교수)
히사다 켄이치로(츠쿠바대학교 생명환경과학연구과 조교수) 에가와 타키오(자연과학교육연구소 대표)
야마오카 히토시(큐슈대학원 이학연구원) 요시오카 카즈오(방송대학교 조교수)

책임개발 송주은 이영종 **지원** 전윤경 **디자인** 이정애 김윤실 이나연
저작권영업 문하영/김유미 **제작** 신상덕 **마케팅** 임상호 전훈승

Why+ 지구

2008년 7월20일 2판1쇄 발행 2020년 7월10일 2판11쇄 발행
펴낸이 나춘호 **펴낸곳** (주)예림당 **등록** 제2013-000041호
주소 서울 성동구 아차산로 153 예림출판문화센터 **구매 문의 전화** 561-9007 **팩스** 562-9007
책 내용 문의 전화 3404-9283 **홈페이지** www.yearim.kr
ISBN 978-89-302-0780-5 74400
         978-89-302-0762-1(세트)

KAGAKURU
ⓒ 2005-2006 The Asahi Shimbun Publications Inc. All rights reserved.
Originally published by The Asahi Shimbun Company in Japan
Korean translation rights ⓒ 2008 YeaRimDang by arrangement with
Imprima Korea Agency and Motovun Co., Ltd.

이 책의 한국어판 저작권은 Motovun Co., Ltd., Tokyo & Imprima Korea Agency를 통한
The Asahi Shimbun Publications Inc.와의 독점계약으로 예림당에 있습니다.
저작권법에 의해 한국 내에서 보호를 받는 저작물이므로 무단전재와 무단복제를 금합니다.

머리말

아이들의 마음에 궁금증의 씨앗을

아이들이 '왜' '어떻게' 라는 질문을 던져서 어른들을 곤란하게 하는 일이 종종 있습니다. 하지만 아이들이 주변의 여러 가지에 대해 궁금해하는 것은 매우 자연스러운 일입니다. 궁금하면 솔직하게 묻는 것이 아이들의 특권이며, 비록 그 시기에 이해할 수 없다 할지라도 아이들이 마음속에 '언젠가 풀리면 좋겠다.'라는 궁금증의 씨앗을 품고 있는 것이 중요합니다. 아이들이 이 책을 읽으며 마음속의 의문과 마주하는 「과학하는 마음」을 길러 주기를 바랍니다.

_총감수자 고시바 마사토시

고시바 마사토시 박사
- 노벨 물리학상 수상(2002년)
- 일본 도쿄대학 명예교수
- 헤이세이 기초과학재단 이사장

차례

1 지구에 생명이 태어났을 때
  최초의 생물은 무엇이었을까? 7

2 먼 옛날 생물이 화석이 되기까지
  공룡은 어떻게 화석이 되었나? 13

3 화석으로 알아보는 공룡의 식성
  공룡은 무엇을 먹었을까? 19

4 공룡 대멸종의 수수께끼
  공룡은 왜 모두 사라졌을까? 25

5 생활에 꼭 필요한 석유 이야기
  석유는 어떻게 만들어졌을까? 31

6 지구의 선물 보석
  보석은 어떻게 생겨난 걸까? 37

7 지구의 자기장과 오로라
  자석은 왜 북쪽을 가리킬까? 43

8 높은 산이 생기는 과정과 대륙 이동설
  에베레스트가 바다 밑이었다? 49

9 지진의 비밀과 대피 요령
  지진은 왜 일어날까? 55

why+
지구

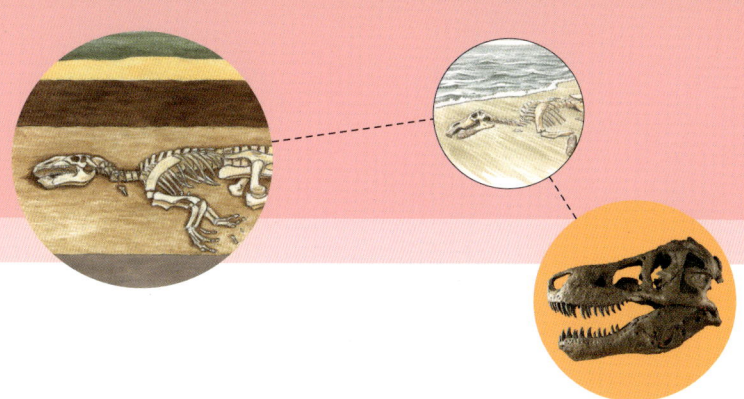

10 바다가 만들어진 이야기
바닷물은 왜 짠맛이 날까? 61

11 아마존 강과 세계의 강
강은 어디서부터 시작될까? 67

12 커다란 바위가 모래와 흙이 되기까지
흙은 무엇으로 만들어질까? 73

13 석회암 지대 지하에 형성된 동굴
석회동굴은 어떻게 생겨났을까? 79

14 인류의 탄생과 진화의 역사
인류는 언제 등장했을까? 85

15 스핑크스의 수수께끼
스핑크스는 왜 만들었나? 91

16 세계의 신비한 유적들
스톤헨지는 누가 만든 걸까? 97

17 분리수거와 재활용
쓰레기는 어디로 갈까? 103

부록 플러스 실험실 109
플러스 인물정보 119

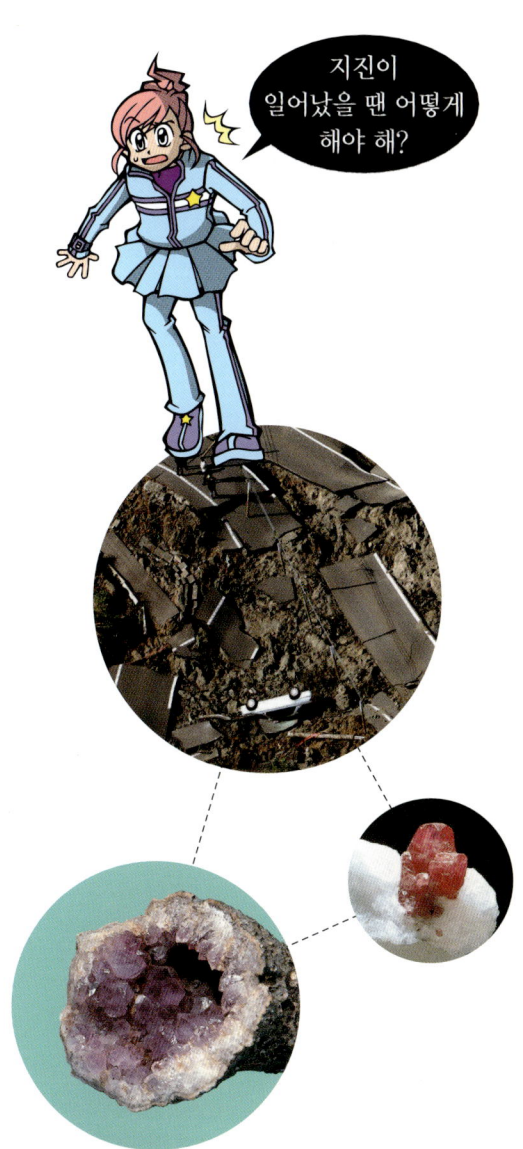

지진이 일어났을 땐 어떻게 해야 해?

무서운 지진이 일어나는 곳도, 아름다운 보석이 나오는 곳도 바로 우리가 사는 지구예요.

주요 등장 인물

스타호
시간도 공간도 초월하여 어디든 갈 수 있는 미래형 탈것. 마리와 카파의 좋은 친구이다.

마리
누가 뭐래도 지구 제일의 리포터라고 자부하는 씩씩한 성격. 좀 덜렁대긴 하지만 지구에 관한 일이라면 어디든 달려가 취재한다.

카파
똑똑한 사진 기자 로봇. 늘 사고 치는 마리를 따라다니며 뒤치다꺼리를 하지만 취재할 때만큼은 환상의 호흡을 자랑한다.

지구 제일의 리포터와 사진 기자인 마리와 카파는 여러분이 궁금해하는 지구의 비밀을 밝히기 위해 스타호를 타고 어디든 달려갑니다. 본문 뒤에 나오는 플러스 실험실과 플러스 인물정보도 빼놓지 말고 읽으세요!

1 최초의 생물은 무엇이었을까?

지구에 생명이 태어났을 때

최초의 생물은 바다에서 태어났어요!

생물이 탄생하는 과정

46억 년 전, 수많은 소행성의 충돌로 원시 지구가 태어났어요. 그리고 43억 년 전쯤 지구에 대기와 바다가 생겨났어요.

갓 태어난 원시 지구는 질퍽하게 녹은 암석(마그마) 덩어리였다.

마그마가 식어 육지가 생기면서 대기와 바다가 있는 지구가 되었다.

천둥

바다에 녹는다.

유기물의 탄생

대기 중의 이산화유황, 수증기, 이산화탄소, 질소 등의 무기물이 자외선이나 천둥, 지열에 의해 합성되어 아미노산이나 당분 등의 유기물이 생겼다.

유기물이 모인 곳

유기물은 처음에는 단순한 형태의 작은 알갱이였다. 유기물이 합성된 곳은 바닷물이 증발해서 농도가 높아진 갯벌이나 뜨거운 물이 나오는 바다 속 열수분출공 근처가 아니었을까 추측된다.

열수분출공
지금도 유기물이 왕성하게 만들어지며 많은 생물이 살고 있다.

갯벌
바닷물 농도가 높아서 유기물 합성이 쉬웠을 것이다.

갯벌

유전자의 근원이 생겨났다

바다에 녹은 유기물은 모여서 더욱 복잡하게 변화했다. 그러면서 생물의 모든 정보가 담긴 설계도인 유전자의 근원도 생겨났다.

천둥

유기물의 구조가 더욱 복잡해졌다

지열

해저

열수분출공에서는 350도나 되는 뜨거운 물이 나오는구나.

응, 35억 년 전까지 생물은 그런 곳에서 살았던 것 같아.

생명은 우주에서 시작됐다?

생물의 몸을 구성하는 아미노산과 지구에 떨어진 운석에 포함된 아미노산이 아주 비슷하다는 점에서, 생명의 근원이 우주에서 시작됐다는 주장도 있다.

텐펠 제1혜성
혜성은 얼음으로 된 작은 천체로 태양 가까이 갈수록 꼬리를 길게 늘어뜨린다. 아미노산은 이런 혜성을 타고 왔을지도 모른다.

과연 혜성이 우리를 있게 해 준 근원일까?

설계도와 그릇이 만들어졌다

유전자 본체(DNA)가 생기고, 자신의 설계도를 복사해 늘려가는 구조가 만들어졌다.

바다 / 유전자

최초의 생물인 원핵세포

유전자를 담는 그릇이 단단한 막이 되면서 세포가 탄생했다.

최초의 생물(원핵세포) — 바다 / 유전자 / 세포막 / 대사

생물의 세 가지 조건
① 자신과 밖을 구분 짓는 막이 있다. (세포막)
② 자손을 남길 수 있다. (유전자)
③ 바깥과 물질을 교환하여 에너지를 내보내기도 한다. (대사)

사람의 몸은 약 60조 개의 세포로 이루어져 있어요.

세포는 거품에서 생겼다?

여러 분자를 가진 거품이 생긴 뒤, 그 안에서 여러 화학 반응이 일어나 세포가 생겼다는 가설도 있다.

거품 같은 알갱이의 막을 통해 바깥과 물질을 교환하거나 안에서 반응을 일으키기도 한다.

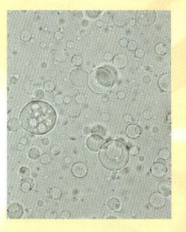

바다 / 운석 / 갯벌

생물은 하나의 세포에서 시작됐어요!

한 개의 세포에서 약 60조 개나 되는 지금의 생명체로 완성되기까지 약 30억 년 걸렸어요. 그 과정을 함께 살펴보아요.

생물이 탄생한 뒤, 한동안은 한 개의 세포로 이루어진 단세포생물만 있었어.

그럼 나는 단세포 생물의 자손인 거야?

지구 생물의 7대 사건

약 40억 년 전
1. 지구 상에 유기물이 나타났다.
2. 최초 생물인 원핵세포가 생겼다.

약 27~16억 년 전
3. 산소를 만드는 생물이 번성했다.

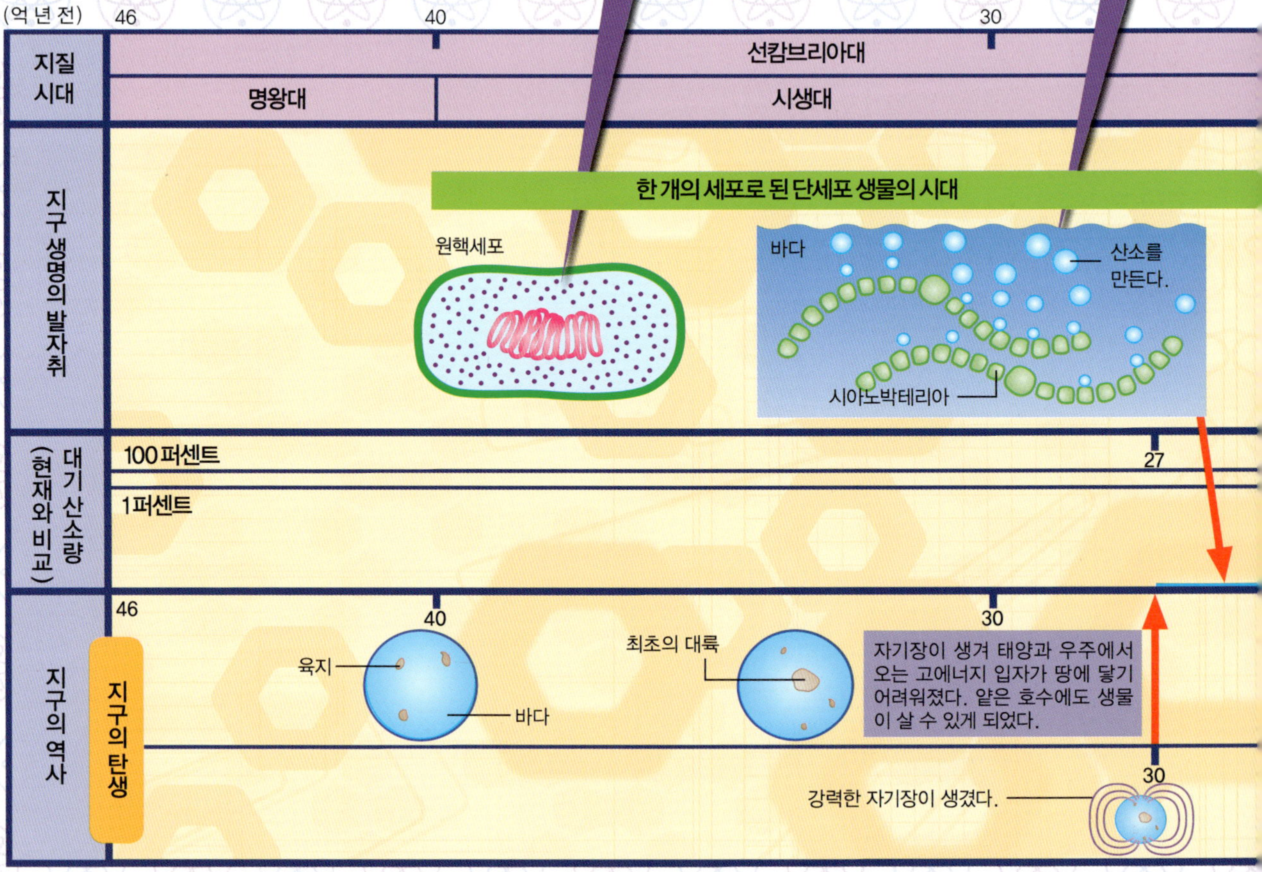

(억 년 전)	46		40			30	
지질 시대		명왕대		선캄브리아대 시생대			

지구 생명의 발자취

한 개의 세포로 된 단세포 생물의 시대

원핵세포

바다 — 산소를 만든다.
시아노박테리아

대기 산소량 (현재와 비교)
100 퍼센트
1 퍼센트
27

지구의 역사

46 — 지구의 탄생
40 — 육지 / 바다
최초의 대륙
30 — 강력한 자기장이 생겼다.
자기장이 생겨 태양과 우주에서 오는 고에너지 입자가 땅에 닿기 어려워졌다. 얕은 호수에도 생물이 살 수 있게 되었다.

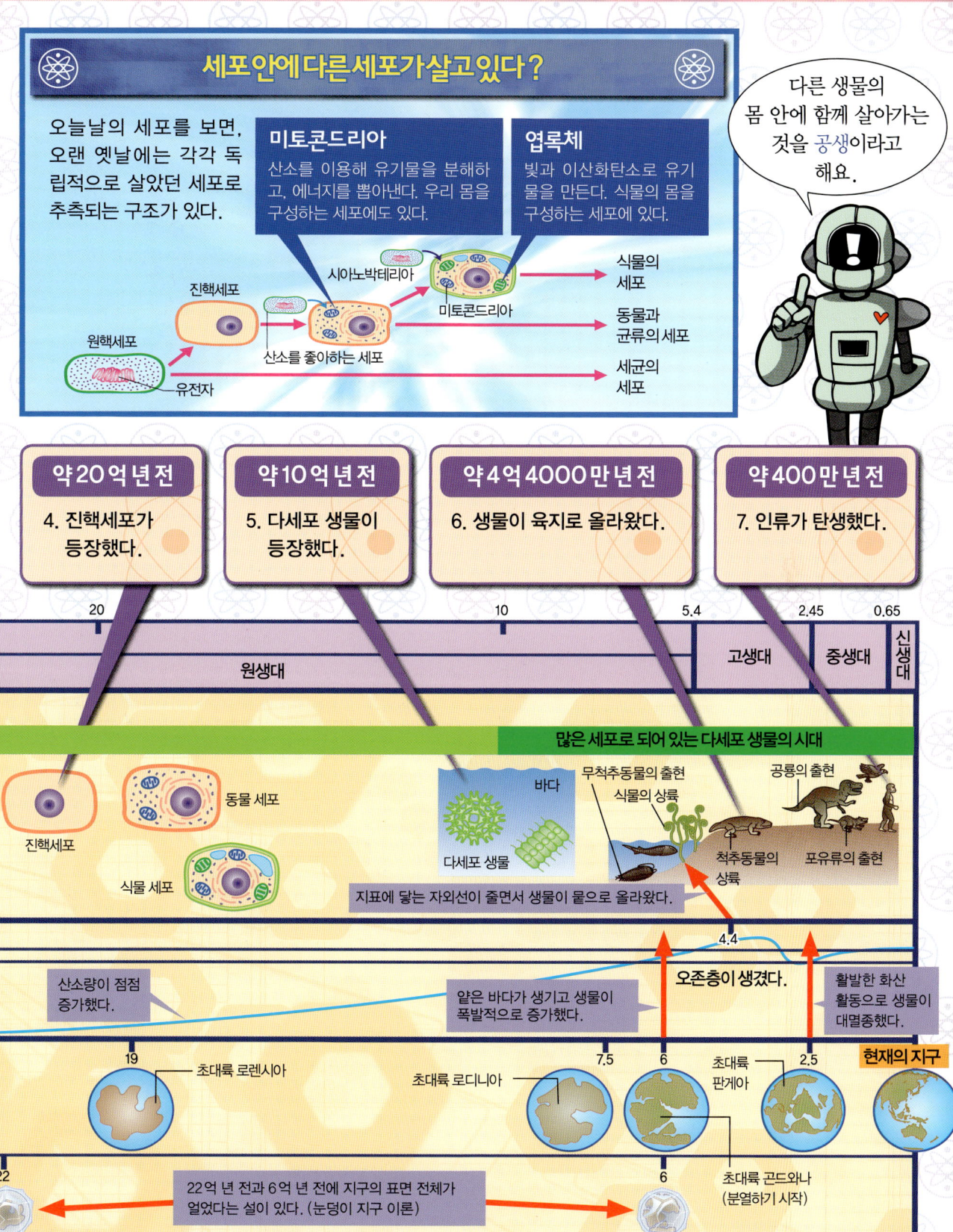

공룡은 어떻게 화석이 되었나?

먼 옛날 생물이 화석이 되기까지

화석에서 발견한 고대의 생물들

이건 일부분에 불과해.

지금 살고 있는 생물도 많이 보이네.

산호 종류

필석류(바다 속에 떠다니는 풀잎 모양의 동물)는 멸종됐다고 생각했지만, 최근 살아 있는 게 발견되었다.

산호 화석

조개, 오징어 종류

오징어나 문어의 경우, 단단한 주둥이나 뼈만 화석이 된다.

히프리테스, 암모나이트, 조개

게, 거미, 곤충 종류

고생대에는 다양한 형태의 삼엽충이 번성했다.

메가네우라 (고대 잠자리), 삼엽충, 아노말로카리스

성게, 해삼, 불가사리 종류

플레우로시스티테스는 멸종됐다.

불가사리 화석, 불가사리

플레우로시스티테스, 성게

어류

케팔라스피스는 칠성장어와 마찬가지로 턱이 없는 어류에 속한다.

케팔라스피스 (갑주어), 스테라칸투스 (고대 상어), 판데릭티스

양서류

고생대에는 지금 볼 수 있는 것과는 전혀 다른 양서류도 있었다.

트리아드바트라쿠스, 디플로카울루스

수형류 (포유류형 파충류)

수형류는 포유류와 파충류의 중간 모습을 하고 있다. 원시 포유류의 조상에 해당된다.

에스템메노스쿠스

디메트로돈

여러 가지 파충류

파충류는 공룡 시대인 중생대에 가장 몸집이 컸으며 번성했다.

엘라스모사우루스

프테라노돈

이크티오사우루스

메이오라니아
(약 3만 년 전까지 살았던 대형 거북)

이크티오사우루스 화석

먼 옛날 생물이 화석이 되기까지

먼 옛날의 포유류와 인류의 조상

몸집이 큰 포유류는 신생대에 번성했다.

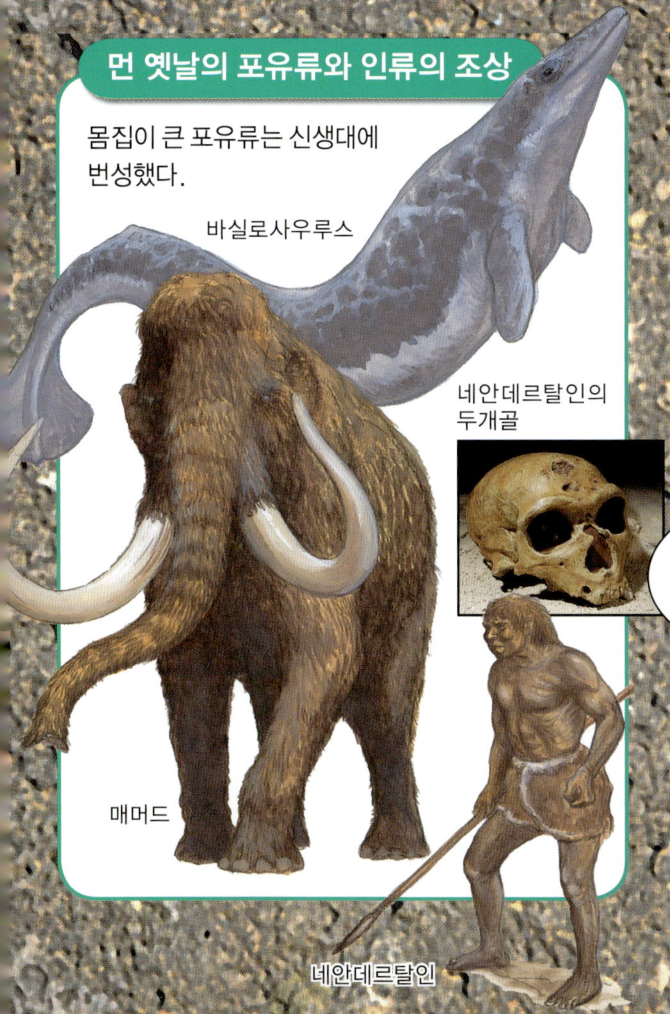

바실로사우루스

네안데르탈인의 두개골

매머드

네안데르탈인

공룡과 새 종류

최근의 연구에서 공룡이 새로 진화했다고 여겨지고 있다.

테라토르니스

데이노니쿠스

사람 화석도 있네. 그런데 화석은 어떻게 만들어졌지?

몸의 일부나 발자국 등이 돌처럼 변해 남아 있는 거야.

15

화석이 발굴되기까지

① 생물이 죽으면 피부 같은 부드러운 부분은 다른 생물이 먹거나 썩어서 분해된다.

② 뼈나 이빨 등 단단한 부분이 홍수나 파도에 휩쓸려 흙에 묻힌다.

여러 가지 화석

화석으로 남는 것은 보통 단단한 부분이에요.

하지만 다른 부분이 화석으로 남는 경우도 있답니다.

발자국
부드러운 지면에 남겨진 발자국이 화석으로 남기도 한다.

알이나 둥지
둥지에 알이 남은 상태로 화석이 되기도 한다.

알 화석

식물
나무에 광물이 스며들어 단단한 화석이 된다.

은행나무 잎 화석

나무 화석

주로 단단한 부분이 화석이 된다

발톱 화석

뼈는 화석으로 남기 쉽다.

거북 등딱지 화석

이빨 화석

조개 화석

기타
배설물이나 털 등이 화석으로 남기도 한다.

똥 화석

피부 화석

털가죽이나 깃털 화석

③ 진흙이나 모래가 쌓여 지층이 생긴다. 뼈나 이빨에 돌 성분이 스며들어 화석이 된다.

④ 지각변동으로 지층이 솟아오르거나 바람이나 비에 깎여 화석이 발견된다.

화석 발견!

이 단계에서 아주 오랜 시간이 걸립니다.

석탄을 캐거나 터널을 만들 때 지층 안의 화석이 발견되는 일이 많대요.

화석이 전시되기까지

발굴 작업

세척 작업

화석 연구

물가 지층에 화석이 많다

캐나다 앨버타 주의 공룡 공원

화석이 많이 발견되는 곳은 대부분 옛날에는 물가였다. 화산재나 모래가 쌓인 지층, 추운 지역, 타르 늪, 동굴 등에서 발견되기도 한다.

흠, 재미있을 것 같긴 한데 좀 힘들어 보인다.

조립하여 전시장으로

화석은 오래전 지구의 모습을 가르쳐 주지요.

먼 옛날 생물이 화석이 되기까지

화석 연구 덕분에 아래와 같은 지질 연대표를 만들 수 있었어요.

화석을 보면 지구 환경이나 생물이 어떻게 변화해 왔는지 알 수 있다. 이를 근거로 지구의 시대를 구분한 것이 지질 연대표이고, 생물의 진화를 나타낸 것이 계통도이다.

지질 연대표 ※ 밑으로 내려갈수록 오래된 지층이다.

계통도 ※ 아래 화살표는 공룡이 새로 진화하는 계통도이다.

화석으로 생물이 어떻게 진화했는지도 알 수 있구나.

우리도 몇 만 년 뒤에는 화석이 되어 연구 대상이 될지도 몰라!

이 아래 뭔가 있는 것 같아!

기분이 왠지 묘하네.

보성 비봉리의 공룡알 화석

천연기념물 제418호로 지정된 곳으로 약 3킬로미터 해안에 걸쳐 150여 개의 공룡알 화석과 17여 개의 공룡알 둥지 화석이 발견되었다.

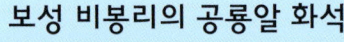

공룡알 화석의 단면

우리나라에도 공룡 화석이 꽤 많이 발견되고 있어요.

공룡은 무엇을 먹었을까?

화석으로 알아보는 공룡의 식성

두둥!

이 진흙 덩어리 같은 건 뭐지?

1995년 캐나다에서 발견된 약 6700만~6500만 년 전의 똥 화석. 길이 44센티미터의 거대한 크기에, 공룡 뼛조각이 많이 들어 있어 몸집이 큰 육식 공룡인 티라노사우루스의 똥으로 추정된다.

티라노사우루스의 것으로 알려진 똥 화석이야.

싫어~!

뭐, 똥이라고? 저런 걸 왜 보여 주는 거야!

똥 화석으로 공룡이 뭘 먹었는지 알 수 있어.

아, 똥도 중요하구나!

똥 화석은 찾기 어렵기 때문에 다른 화석이나 여러 증거로 추측하기도 해.

공룡의 식성은 다양했어요

공룡에 따라 먹이 습성도 달랐어.

거대육식공룡 티라노사우루스

몸길이가 12~14 미터나 되는 덩치 큰 육식공룡이다. 뾰족한 이빨은 두껍고 튼튼해서 먹이의 뼈까지 씹어 먹었다고 한다.

저 이빨 좀 봐!

이빨은 뿌리 밑까지 길이가 약 30 센티미터나 된다.

물고기를 먹었던 바리오닉스

바리오닉스를 비롯한 스피노사우루스류 공룡은 물고기를 주로 먹었으며, 독특한 특징을 많이 가지고 있다.

바리오닉스처럼 뭘 먹었는지 정확히 알 수 있는 증거나 특징이 발견된 공룡은 드물어.

머리가 악어와 비슷하네.

최대의 초식공룡 용각류

지구 상에 살았던 가장 큰 육상 동물이 바로 용각류다. 초식 공룡으로, 긴 목을 쭉 뻗어 나뭇잎을 먹었다. 디플로도쿠스나 브라키오사우루스 등이 있다.

꼭꼭 씹어 먹는 파라사우롤로푸스

공룡은 골반 모양이 새를 닮은 조반류와 도마뱀을 닮은 용반류로 나뉘는데, 조반류와 용반류 중 용각류는 같은 초식 동물이라도 씹는 방법이 다르다. 조반류는 잘 씹어서 삼키는 반면, 용각 공룡은 잎을 뜯어서 통째로 삼킨다.

화석의 이빨과 뼈의 특징을 지금의 동물과 비교해 자세히 조사하면 공룡의 식성을 추측할 수 있어.

뼈를 통해 알아보는 공룡의 식성

고기를 먹는다

티라노사우루스

양식의 고기를 써는 칼은 고기를 자르기 쉽도록 톱니처럼 뾰족뾰족하다.

이빨에 고기 칼 같은 톱날이 나 있다.

턱의 움직임이 단순하다.

비교해 보자

표범 종류

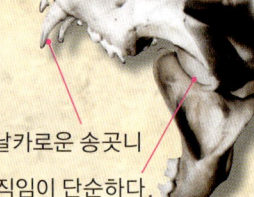

날카로운 송곳니

턱의 움직임이 단순하다.

물고기를 먹는다

이빨 구조나 모양이 악어처럼 물고기를 먹는 동물에 가깝다.

바다에 살았던 몸이 큰 파충류의 이빨도 비슷하게 생겼다.

바리오닉스

악어처럼 긴 턱

© Photo The Natural History Museum, London, UK

비교해 보자

악어

물고기를 주로 먹는 악어는 긴 턱을 갖고 있다.

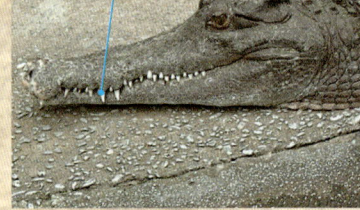

풀을 먹는다

브라키오사우루스

파라사우롤로푸스

턱의 움직임이 복잡하다.

진공청소기처럼 넓은 주둥이

방망이 같은 이빨로 식물을 잘게 찢어 먹었다.

이빨이 모여 평평한 면을 이루어서 질긴 식물을 갈아서 으깰 수 있다.

비교해 보자

얼룩말

© Gunma Museum of Natural History in Japan

이빨이나 턱 구조가 파라사우롤로푸스와 비슷한 데가 있다.

화석으로 알아보는 공룡의 식성

아주 드물지만 공룡이 먹은 것이 화석으로 남기도 해. 결정적인 증거가 되지.

그게 공룡의 똥인지 확실히 알 수 없다는 게 좀 문제지만.

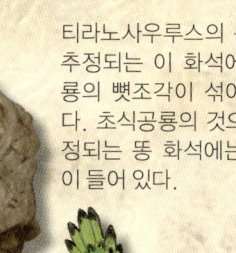

티라노사우루스의 똥으로 추정되는 이 화석에는 공룡의 뼛조각이 섞여 있었다. 초식공룡의 것으로 추정되는 똥 화석에는 식물이 들어 있다.

© Photo The Natural History Museum, London, UK

바리오닉스의 배 부분에서 발견된 물고기 화석
바리오닉스는 물고기를 먹기에 알맞은 특징을 갖추었으며, 배 속에서 미처 소화하지 못한 물고기 화석이 발견되었다. 이 때문에 물고기를 주로 먹었을 것으로 추측한다.

새와 비슷한 작은 공룡인 오비랍토르 화석의 배 속에서는 통째로 삼켜진 도마뱀이 발견되었다.

같은 공룡끼리 서로 잡아먹기도 했다?

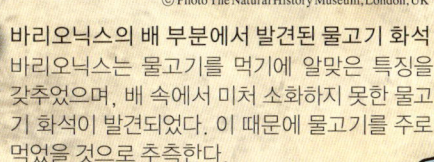

마준가톨루스

마준가톨루스 화석에는 동료 공룡에게 심하게 물어뜯긴 흔적이 분명하게 남아 있어요. 이것은 먹이가 부족한 시기에 서로를 잡아먹기도 했을 거라는 추측을 가능하게 해요.

마준가톨루스의 꼬리뼈 화석에는 같은 마준가톨루스 것으로 보이는 이빨 자국이 선명하게 남아 있다.

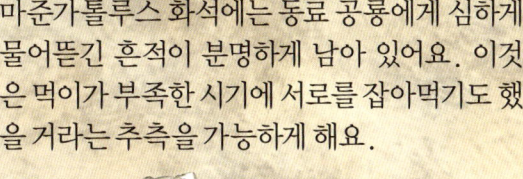

코엘로피시스

코엘로피시스의 배 쪽에서 코엘로피시스의 새끼 화석이 함께 발견되었다. 그 때문에 새끼를 잡아먹은 것이 아닐까 추측하고 있다. 그러나 먹은 것으로 보기에는 새끼가 너무 크다는 의견도 있다.

새끼의 뼈

동료나 새끼를 잡아먹다니 너무해!

야생의 세계는 예나 지금이나 혹독한 거야.

# 비봉리 새끼공룡 뼈 화석

2004년 10월 비봉리 해안 단층에서 국내 최초로 완벽한 형태의 공룡 뼈 화석이 공룡 알 둥지 화석과 함께 발견되었다.

4 공룡은 왜 모두 사라졌을까?

공룡 대멸종의 수수께끼

거대한 운석의 충돌로 공룡들이 멸종했다!?

지금으로부터 약 6500만 년 전, 백악기 말에 거대한 운석이 지구와 충돌해서 공룡을 비롯한 많은 생물이 멸종되었다고 해요. 그 증거와 충돌 전후 지구 생물들을 살펴보기로 해요.

검은 지층에 남겨진 운석 충돌의 증거

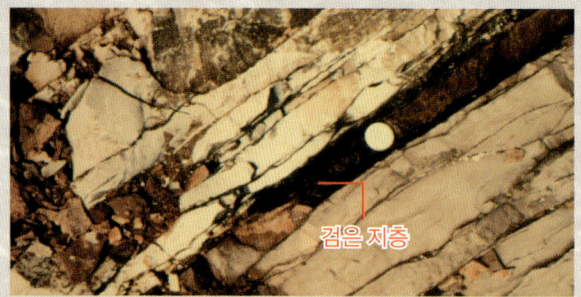

검은 지층

백악기 말 지층에 있는 새까만 층을 조사해 봤더니 소행성 등에 많은 이리듐이라는 금속이 다량 함유되어 있었다. 그래서 당시 거대한 운석이 지구와 충돌했다고 생각하게 되었다.

② 운석과의 충돌로 대재앙이 닥쳤다

현재의 멕시코 주변에 지름 10킬로미터 정도의 거대한 운석이 떨어졌다. 그 충격으로 높은 온도의 가스와 충격파가 발생하고 높이가 200미터나 되는 거대한 해일이 밀어닥쳐 주변의 모든 것을 파괴했다.

수소폭탄 100만 개를 터뜨린 것과 맞먹는 위력이었대.

① 대멸종 전의 지구 (북아메리카)

최근 연구에 따르면, 대멸종 직전까지 다양한 종류의 공룡이 진화와 번영을 거듭하고 있었다.

와, 다양한 생물이 살았구나.

소행성이 충돌했을까?

백악기 말에 지구에 충돌한 운석 상상도

지구에 새겨진 거대한 충돌 자국

멕시코 만 · 탐피코 · 칙술루브 크레이터 · 하바나 · 멕시코시티 · 유카탄 반도

지름 약 180 킬로미터의 칙술루브 크레이터는 백악기 말에 생겼다고 한다.

3. 단시간 내의 환경 변화로 많은 생물이 한꺼번에 멸종

충돌로 인해 하늘 높이 날아오른 먼지가 두꺼운 구름이 되어 지구를 완전히 뒤덮었다. 이 구름이 태양을 가려 식물은 광합성을 하지 못해 죽고, 기후가 급격히 변했다.

공룡을 비롯해 체중 20 킬로그램이 넘는 생물은 모두 죽었다고 해.

4. 대멸종 후의 지구 (북아메리카)

공룡이나 덩치 큰 파충류가 멸종한 뒤 포유류와 조류가 진화하여 커졌다. 하지만 공룡처럼 번성하기까지는 꽤 오랜 시간이 걸렸다.

너무 안타까운 일이야.

공룡 대멸종의 수수께끼

27

대멸종은 공룡 시대에만 일어난 게 아니다

대멸종은 백악기 말에만 일어난 게 아니라 여러 번 일어났어요. 이를 모두 우연히 일어난 운석 충돌로 설명할 수는 없지요. 지구 내부나 환경의 균형 그 자체에 생명을 멸종시키는 원리가 숨어 있다는 의견도 있어요.

> 멸종한 것은 공룡만이 아니었어!

주기적으로 일어났다?

대멸종은 거의 2600만 년 간격으로 일어났으며, 그 원인은 지구 내부 에너지의 리듬 때문이라는 이야기가 있다.

지질 연대와 대멸종

'~대'나 '~기'라는 시대의 구분법은 지층에서 발견되는 생물 화석의 변화를 기준으로 지구 역사를 나눈 것이다. 그래서 지질 연대가 바뀌는 시기에 대멸종이 일어난 경우가 많다.

원생대	고생대				
	캄브리아기	오르도비스기	실루리아기	데본기	석탄기
다세포 생물의 출현	생물의 진화가 다양하게 일어남 / **대멸종**	무척추동물의 번식 / **대멸종**	곤충 출현·동식물의 상륙 / 물고기 종류 증가	양서류의 출현·상륙 / **대멸종**	파충류의 출현 / 대삼림 시대

고생대 페름기 말의 대멸종

약 2억 5000만 년 전, 고생대를 끝낸 대멸종은 백악기 말의 대멸종보다 훨씬 커서 그때까지 번성했던 생물이 모두 사라졌다. 정확한 원인은 알려지지 않았다.

삼엽충 멸종

거대한 양서류 멸종

수형류의 멸종

공룡 번성의 계기가 된 트라이아스기의 대멸종

고생대 말 대멸종에서 살아남은 덩치 큰 수형류와 다양하게 진화했던 파충류도 이때 멸종했다.

건조한 기후에 약한 수형류나 덩치 큰 파충류, 바다에서 사는 파충류, 몸이 큰 양서류 등이 쇠퇴했다. 반면 건조한 기후에 강한 공룡이나 도마뱀 등이 번성하게 되었다.

포유류 시대에도 대멸종이!

목이 길고 몸집이 큰 인드리코테리움

브론트테리움

공룡이 멸종한 뒤에도 몇 번이나 대멸종이 일어났다. 그에 의해 이전에 살았던 포유류가 사라지고 새로운 종류가 번성하기도 했다.

공룡 대멸종의 수수께끼

페름기	중생대					신생대	
	트라이아스기	쥬라기	백악기		제3기		제4기
			전기	후기	고제3기	신제3기	
수형류(포유류형 파충류) 번성	공룡과 포유류 출현	공룡의 거대화 조류 출현	해양생물의 대멸종?	공룡의 종류 증가	지구 온난화 진행 데칸 고원의 대분화?	포유류의 번성	현재
대멸종	**대멸종**		**대멸종**		**대멸종**		**대멸종**

대멸종의 원인에 대한 가설

① '지구 내부의 에너지'설

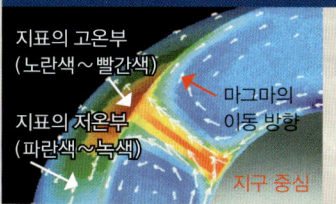

지표의 고온부 (노란색~빨간색)
지표의 저온부 (파란색~녹색)
마그마의 이동 방향
지구 중심

지구 내부 열을 품은 마그마가 지표 부근까지 올라온다. 그러면 대륙 이동이 빨라지거나, 곳곳에서 화산이 폭발해 환경이 파괴된다.

② '산소가 적은 바닷물의 상승'설

산소가 적은 바닷물

대륙 이동, 지구 온난화 등으로 바닷물의 흐름이 고르지 못하게 돼 산소가 적은 바닷물이 위로 올라오면서 바다 생물이 질식해 모조리 죽는다.

5 석유는 어떻게 만들어졌을까?

생활에 꼭 필요한 석유 이야기

석유는 어떻게 만들어졌을까

 ### 석유는 오랜 세월에 걸쳐 만들어져요

1억 9000만~6500만 년쯤 전에 묻힌 플랑크톤 같은 바다 생물의 사체가 오랜 세월을 거치면서 미생물의 작용을 받고 화학 반응을 일으켜서 석유가 되었다고 해요. 확실하진 않지만 천연가스도 이런 과정으로 생겼대요.

> 석유가 아주 옛날에 살았던 생물 시체가 변한 거라니, 믿기지 않아!

> 석유가 만들어지는 과정에 대해서는 여러 설이 있어.

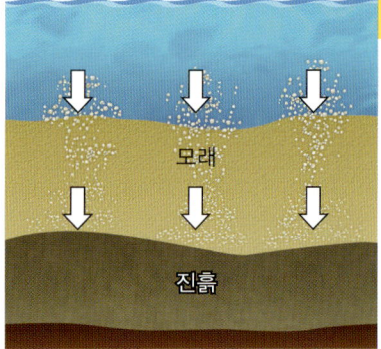

❶ 생물 사체가 묻힌다.
바다 속 생물이 죽어서 흙에 묻힌다. 그 과정이 반복되면서 지층을 이룬다.

플랑크톤
바다 속에 많이 사는 미생물

❷ 열이나 압력으로 석유가 된다.
석유는 물보다 가볍기 때문에 지층의 틈을 빠져나와 위로 올라간다.

석탄은 식물로 만들어진다

수천만 년 전에 식물이 물속 밑바닥이나 늪지에 묻혀 미생물 작용으로 분해되고, 땅속의 열과 압력을 받아 딱딱한 탄이 되었다.

❶ 식물이 물속 밑바닥에 쌓인다.

❷ 오랜 시간이 지나 석탄으로 변한다.

석유는 언제까지나 쓸 수 있는 게 아니다

석유는 앞으로 4, 50년 사용할 만한 양이 남아 있다고 한다. 기술이 발달해 지금까지 뽑아내지 못했던 곳에서 석유를 채취하고 새로운 유전도 계속 발견되고 있긴 하지만 언젠가는 바닥이 나고 말 것이다.

석유가 들어 있는 모래에 열을 가하면 액체가 나온다. 이렇게 액체가 된 석유를 지하에서 뽑아낸다.

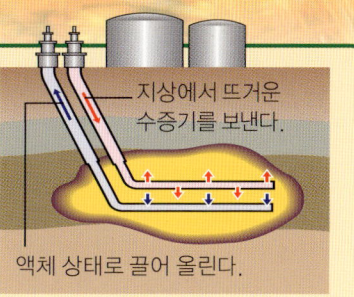

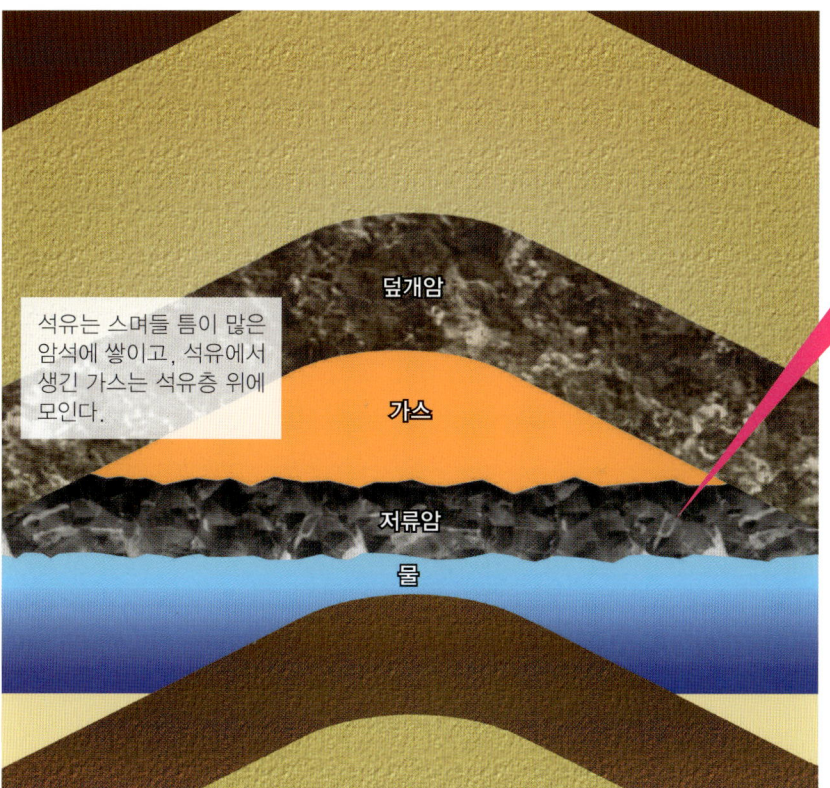

석유는 스며들 틈이 많은 암석에 쌓이고, 석유에서 생긴 가스는 석유층 위에 모인다.

저류암 (석유를 품고 있는 바위)
사암처럼 틈이 많은 암석으로, 섭씨 500도까지 가열하면 석유를 뽑아낼 수 있다.

❸ **틈이 적은 바위 아래에 석유가 고인다.**

석유는 물보다 가벼워 암석의 틈을 따라 올라가다가 단단한 바위(덮개암)를 만나면 더 이상 올라가지 않고 그 아래에 고인다. 석유와 함께 올라온 물은 석유보다 무거워서 그 아래에 고인다.

석탄과 석유의 역사

약 300년 전까지는 말이나 소를 차 대신 사용했다. 또 강물이나 바람을 이용하는 물레방아나 풍차로 기계를 움직였다. 250년 전에 석탄을 태워서 만든 증기로 기계를 움직이는 증기기관이 발명되었다. 지금은 석탄보다 석유를 더 많이 사용한다. 약 100년 전에 석유를 태워서 엄청난 힘을 얻는 내연기관이 발명되어 자동차, 비행기 등이 등장했으며 이제 석유는 생활에 없어서는 안 되는 연료가 되었다.

석탄은 증기기관 연료로 많이 사용되었다.

석유는 약 5000년 전부터 방수나 접착제, 약 등에 사용되었다. 고대 이집트에서는 미라를 만들 때 방부제로 사용하기도 했다.

석유는 땅속 깊은 곳에서 퍼내요

 ## 석유 찾기와 뽑아내기

석유는 보통 지하 깊숙한 곳에 있어요. 그래서 인공위성으로 땅속을 탐색하거나, 음파나 지진탐사기로 지진파를 발생시켜 지진파가 되돌아오는 시간을 조사해 지층의 모양을 예상하여 석유가 있는지 여부를 밝혀낸답니다.

▶앞서 가는 차가 인공적인 지진을 일으키면 지진파가 지하에 퍼진다. 지진파의 속도로 지층의 상태를 알 수 있다.

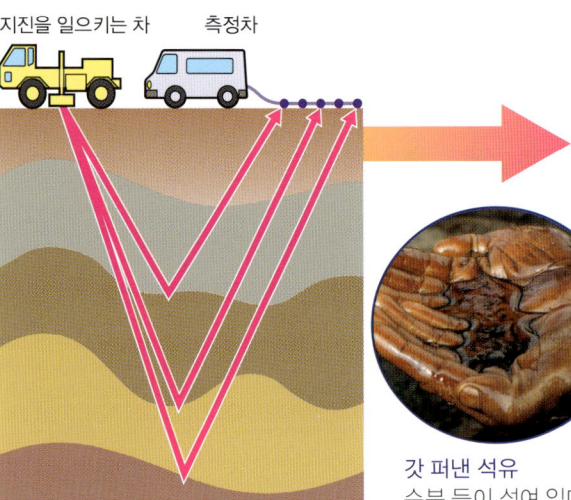

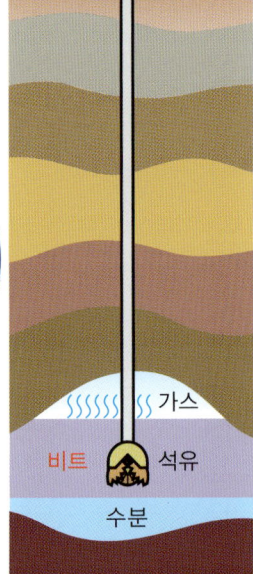

날이 붙어 있는 비트라는 드릴이 회전하면서 땅을 판다.

갓 퍼낸 석유
수분 등이 섞여 있다.

유조선으로 운반한다.

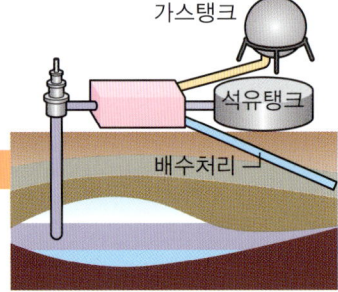
땅에서 갓 퍼낸 석유에는 가스나 수분이 들어 있으므로 분리한다.

석유가 나는 곳

한때는 사우디아라비아나 이란 등 중동 국가들이 전 세계의 60퍼센트에 가까운 석유를 생산했지만, 지금은 다른 곳에서도 석유를 생산하고 있다. 우리나라는 현재 필요한 석유의 대부분을 외국에서 수입하고 있다.

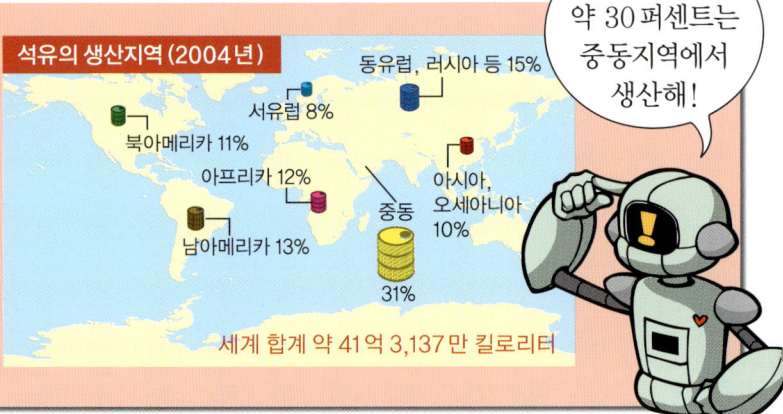

석유의 생산지역 (2004년)

- 동유럽, 러시아 등 15%
- 서유럽 8%
- 북아메리카 11%
- 아프리카 12%
- 남아메리카 13%
- 중동 31%
- 아시아, 오세아니아 10%

세계 합계 약 41억 3,137만 킬로리터

세계 석유의 약 30 퍼센트는 중동지역에서 생산해!

원유는 온도에 따라 나누어져요

갓 퍼낸 석유를 원유라고 하는데, 여러 가지가 섞여 있어서 검고 질퍽해요. 원유는 그 상태로는 별로 도움이 되지 않아요. 그래서 그림처럼 각각의 성분이 기체가 되는 온도가 다른 것을 이용해서 종류별로 뽑아내요.

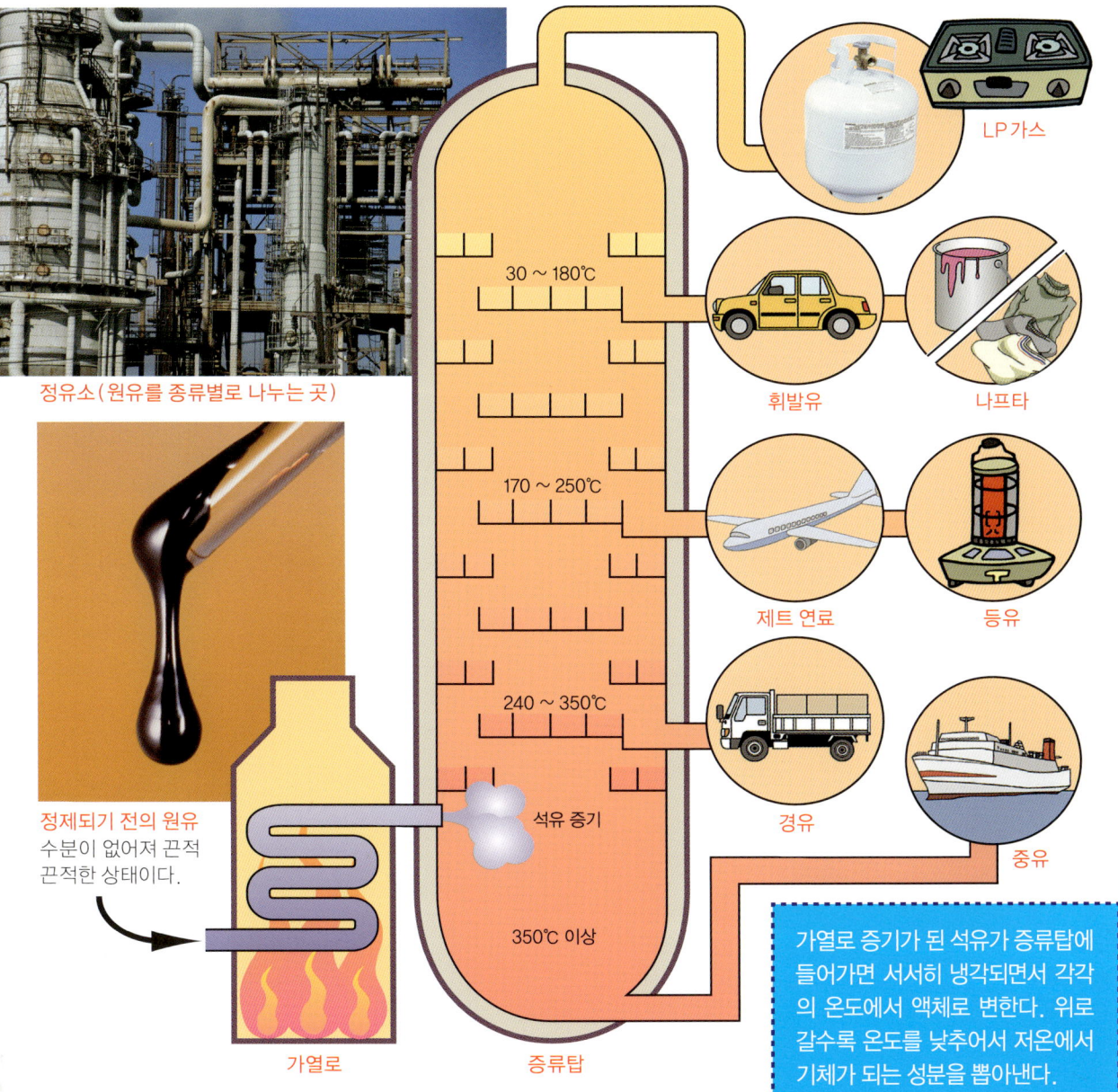

석유란 휘발유나 등유로만 사용되는 게 아니었구나!

정유소(원유를 종류별로 나누는 곳)

정제되기 전의 원유
수분이 없어져 끈적끈적한 상태이다.

30 ~ 180℃ — 휘발유 / 나프타 / LP가스
170 ~ 250℃ — 제트 연료 / 등유
240 ~ 350℃ — 경유
350℃ 이상 — 중유

석유 증기

가열로   증류탑

가열로 증기가 된 석유가 증류탑에 들어가면 서서히 냉각되면서 각각의 온도에서 액체로 변한다. 위로 갈수록 온도를 낮추어서 저온에서 기체가 되는 성분을 뽑아낸다.

생활에 꼭 필요한 석유 이야기

6 보석은 어떻게 생겨난 걸까?

지구의 선물 보석

보석은 지구 깊은 곳에서 만들어져요

지구 내부에는 높은 열로 암석이 끈적끈적하게 녹은 상태의 마그마가 있어요. 마그마가 식어 굳으면 화성암이 생기는데, 보석 원석은 대부분 화성암 속에 숨어 있어요.

화산 — 화산암 — 용암

마그마가 고인 곳

마그마가 식으면 결정이 생긴다

마그마가 식으면서 온도에 따라 여러 결정이 생기는데, 보석의 원석은 이런 결정의 하나이다.

일장석 / 감람석

마그마(녹은 상태)

감람석(페리도트), 일장석(선스톤) 등이 생긴다. 굳어지면 현무암 등이 된다.

현무암

휘석 / 각섬석

다음으로 휘석, 각섬석도 생긴다. 이것이 굳어지면 안산암 등이 된다.

안산암

석영 / 흑운모

마지막으로 석영(수정), 월장석(문스톤), 흑운모가 생긴다. 이것이 굳어지면 유문암 등이 된다.

유문암

얕은 곳에서 생기는 화산암

마그마가 지표 또는 지표 가까이에 뿜어져 나와 급히 식어서 생긴 화성암을 화산암이라고 해요.

화산암의 일종인 현무암
용암이 갑자기 굳어져 생긴 암석

깊은 곳에서 생기는 심성암

마그마가 지하 깊은 곳에서 천천히 식어서 생긴 화성암을 심성암이라고 해요.

지표에 나타난 **심성암의 일종인 화강암**
땅이 위로 솟아올라 윗부분이 깎여 나가면 그 모습이 드러난다.

보석의 원석은 마그마의 틈에서 생겨요

마그마가 식어 화강암 같은 심성암이 되려면 10만 년에서 수백 만 년이 걸려요. 마지막 단계에 마그마에 함유된 수증기나 이산화탄소 등 기체의 큰 압력 때문에 마그마 속에 빈틈이 생겨요. 그러면 석영이나 장석 등의 광물이 그 안에서 자라 큰 결정이 되는데, 이런 상태를 페그마타이트라고 해요. 보석의 요람이라 할 수 있지요.

자수정의 결정
자수정의 페그마타이트

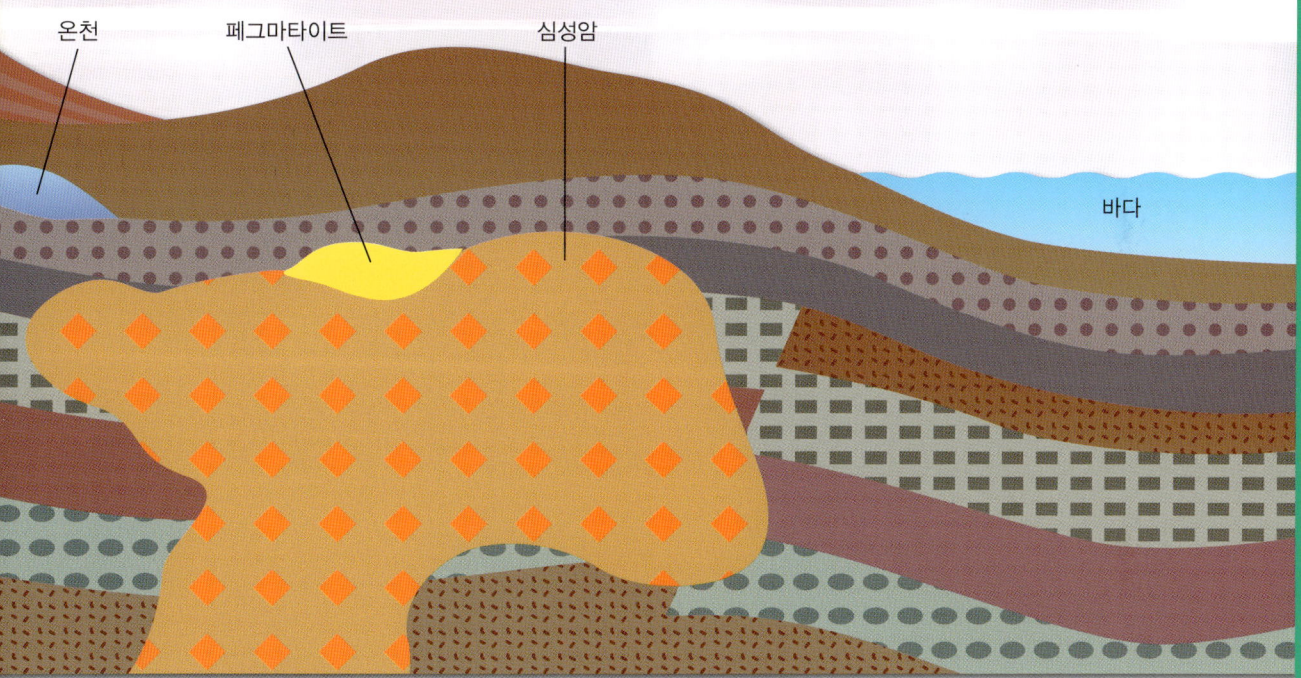
온천 / 페그마타이트 / 심성암 / 바다

지구의 선물 보석

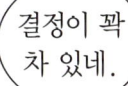 결정으로 이루어진 화성암

화성암을 얇은 판처럼 만들어 현미경으로 보면 결정이라는 작은 알갱이가 많이 보여요.

결정이 꽉 차 있네.

▶화산암을 확대해 보면 가늘고 긴 각섬석, 검고 둥근 휘석, 흰 장석 등이 보인다.

화산재 속에도 결정이 가득!

화산재에 물을 붓는다. → 가볍게 누르며 씻는다. → 살레에 넣는다.

현미경으로 보니 정말 예쁘다!

원석으로 아름다운 보석을!

원석으로 보석을 만들려면 모양을 잘 다듬어야 해요.
이것을 커팅이라고 하는데, 커팅의 방법은 보통 세 가지가 있어요.

브릴리언트컷(다이아몬드)
투명한 보석에 많이 사용하는 커팅. 58면체의 다각으로 만들어 반짝반짝 눈부시게 빛난다.

스텝컷(다이아몬드)
평평한 면의 모서리에 각도가 다른 면을 만든다. 뒤쪽에 면을 많이 만들어 위에서 볼 때 아름답게 반짝이도록 한다. 에메랄드컷.

카보숑컷(루비)
반구형으로 잘라 둥근 면을 매끄럽게 다듬는다. 캣츠아이 등 특별한 반짝임을 표현하기 위한 커팅이다.

✦ 보석은 약 100 종류가 있어요!

지구 상에는 약 3,000 종류의 광물이 있어요. 이 중 보석은 약 100 종류예요. 색깔이 아름답고 윤이 나며 단단해서 흠이 잘 나지 않고 생산량이 적은 광물을 다듬거나 커팅해서 장신구로 만든 것이 보석이에요.

다이아몬드
금강석. 숯과 마찬가지인 탄소 성분으로 이루어져 있다. 다각면에 빛이 반사되어 반짝반짝 빛난다.

사파이어
산화알루미늄으로 만들어진 강옥이라는 광물 중 푸른 것을 사파이어, 붉은 것을 루비라 부른다. 아주 단단하다.

에메랄드
녹주석이라는 광물 중 녹색인 것을 에메랄드, 엷은 청색인 것을 아쿠아마린이라고 부른다.

보석은 어디서 채취되나요?

보석에는 수정이나 가넷처럼 비교적 많은 장소에서 채취되는 것과, 다이아몬드나 에메랄드처럼 특정한 지역에서만 채취되는 것이 있어요.

세계 보석 산출지

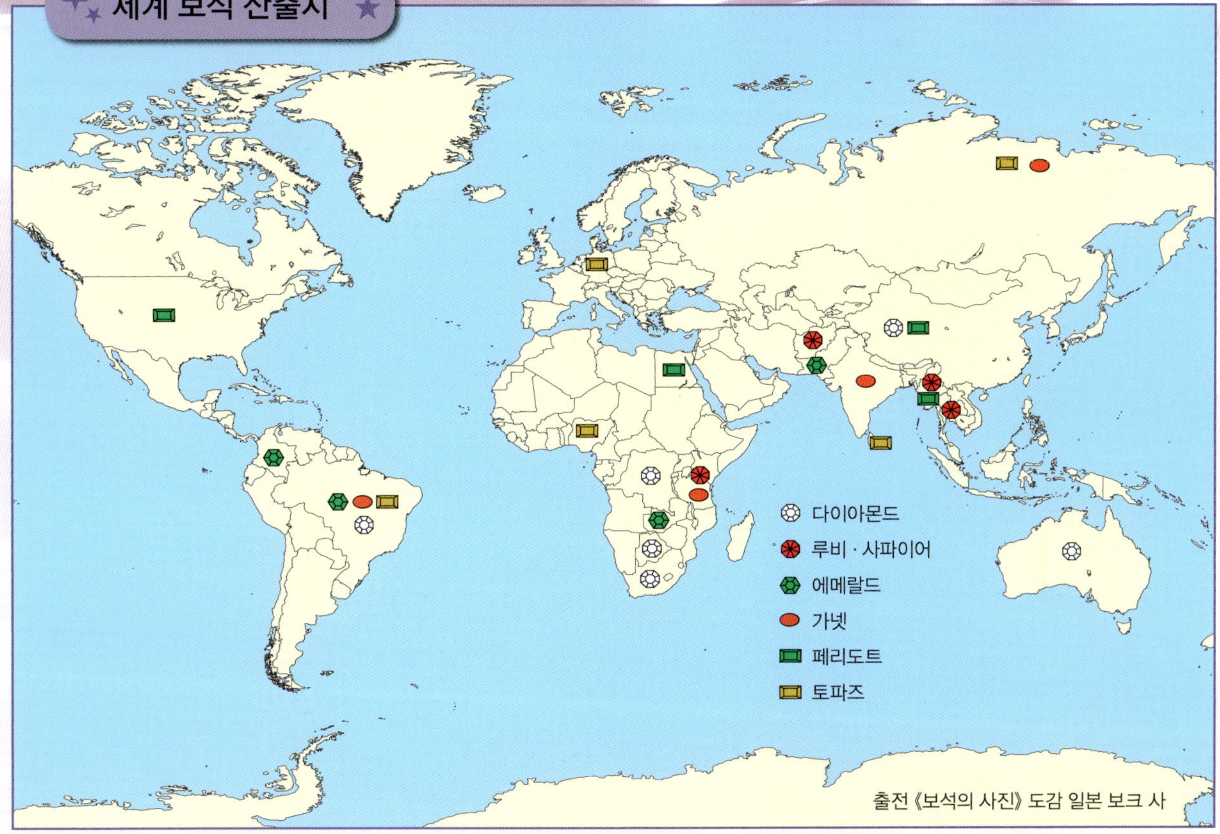

○ 다이아몬드
✹ 루비·사파이어
✿ 에메랄드
● 가넷
▬ 페리도트
▬ 토파즈

출전《보석의 사진》도감 일본 보크 사

금이나 은, 진주는 어디서 채취되나요?

금과 은도 땅속에서 나요

금과 은은 땅속에서 파낸 광석을 녹여서 얻어요. 다른 금속과 달리 양이 적고 광택이 아름다우며 시간이 지나도 녹슬거나 변하지 않아요. 그래서 오랫동안 화폐로 사용되어 왔지요.

세계의 금화와 은화
현재 금화나 은화를 돈으로 쓰는 나라는 거의 없다.

진주와 호박은 생물이 만들어요

진주와 호박은 돌도 광물도 금속도 아니에요. 생물이 만들어 내는 거예요. 그러나 그 아름다움과 희귀성 덕분에 보석처럼 취급되고 있어요.

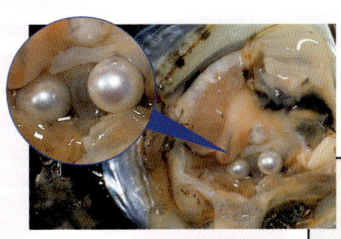

진주
진주조개가 내는 점액이 둥글게 뭉쳐 만들어진다.

호박
나무 수액의 화석. 안에 곤충이 갇혀 있기도 하다.

생활 속에 사용되는 귀금속

자동차 부속에 사용되는 백금. 배기가스를 백금으로 만든 필터에 통과시켜 해로운 물질을 걸러 낸다.

재활용을 위해 모은 휴대 전화와 그 안에서 꺼낸 귀금속. 안에 들어 있던 금이나 은은 다시 쓰인다.

7 자석은 왜 북쪽을 가리킬까?

지구의 자기장과 오로라

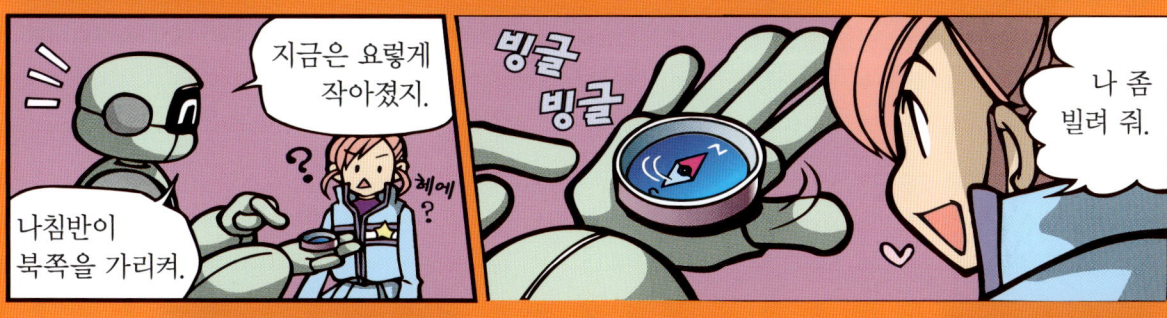

지구는 커다란 자석이에요

옛날에는 자석이 북쪽을 가리키는 것은 북극성이 끌어당기거나 북극에 자석으로 된 산이 있기 때문이라고 생각했어요.

영국의 길버트가 발견했어요

윌리엄 길버트

자석이 끌리는 방향을 알 수 있는 장치(복각계)를 만들어 자석이 가리키는 방향을 조사해 지구 자체가 하나의 자석임을 밝혀냈어요.

길버트의 복각계

길버트는 엘리자베스 1세의 주치의였지.

아, 추워! 어느새 북극까지 와 버렸네.

자기력선

지축

북극점

지구에는 자기장이 있어요.

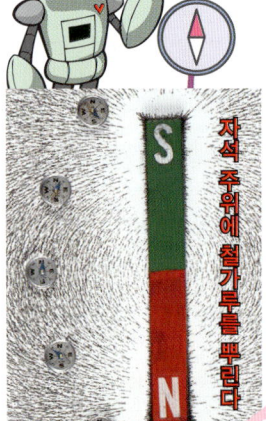
철가루와 나침반 바늘이 자기력선을 따라 배열된다.

자석 주위에 철가루를 뿌린다

자기장은 자석의 힘이 작용하는 공간이며, 자기력선으로 나타낼 수 있다. 자기력선은 N극에서 나와 S극으로 향한다.

남극점

나침반을 사용할 수 없다?

용암 근처에서는 나침반이 소용없을 수도 있어요. 용암에는 자석의 성질을 띤 자철석 성분이 있기 때문이에요.

용암은 여러 방향으로 자석화된다.

일본의 용암 숲인 아오키가하라에서는 한번 길을 잃으면 좀처럼 빠져나오기 어렵다고 한다.

"나침반의 바늘이 바로 아래를 향했어! 여기가 북극점이야?"

"아니야. 지구의 북쪽(북극점)과 나침반이 가리키는 북쪽(자기 북극)은 달라."

나침반이 아래를 향한다!

북극 근처는 지구로 보면 S극이므로 자석의 N극이 수직으로 아래를 가리키는데, 그 지점을 자북극이라 한다. 남극 가까이에는 자남극이 있다.

※ 막대자석은 무겁기 때문에 실제로는 매달았을 때 이렇게 기울지는 않는다.

47.5도 아래를 가리킨다.

자극의 위치는 움직이고 있어요

지구가 자석이라는 것은 밝혀졌지만 어디가 자북극인지는 알 수 없었어요. 많은 탐험가와 과학자의 활약으로 자북극이 1년에 약 11킬로미터씩 움직인다는 것을 알아냈지요.

여기가 자북극
지구 자기장의 방향이 바뀌면 자북극의 위치도 바뀐다.

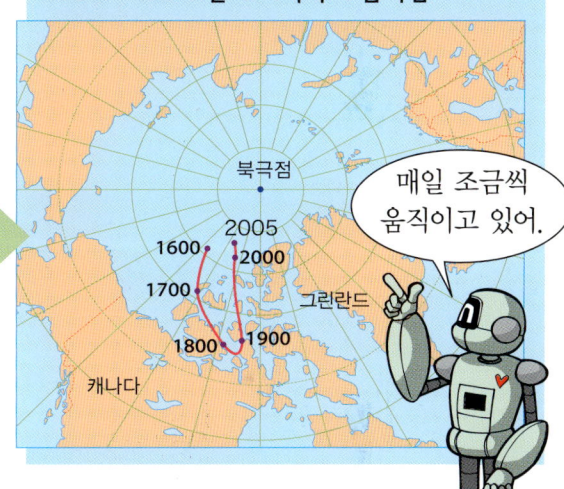

1600~2005년의 자북극의 움직임

"매일 조금씩 움직이고 있어."

지구가 회전하기 때문에 자석이 되는 거예요

지구의 외핵은 철 등이 녹아 있어요. 지구가 자전하므로 녹은 철도 움직이지요. 그게 전기가 흐르는 역할을 한대요.

"하지만 지구가 자석이 되는 원리는 아직 제대로 밝혀지지 않았어."

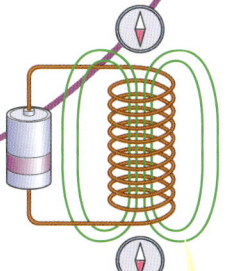

도선에 전기가 흐르면, 도선 주위에 자장이 생겨 나침반 바늘을 끌어당긴다.

도선을 코일로 빙글빙글 감는다.

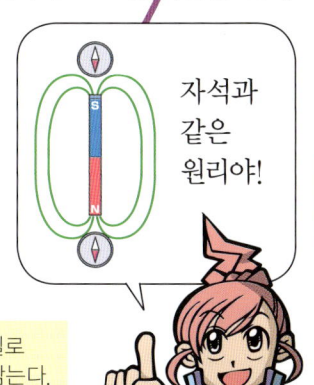

"자석과 같은 원리야!"

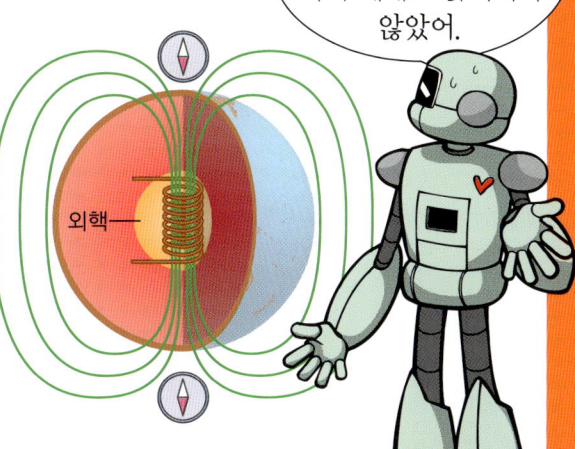

외핵

지구의 자기장과 오로라

지구 자기장에서 오로라가 생겨요

이 사진은 하늘의 한 점에서 여러 가지 색깔이나 모양의 오로라가 반짝이기 시작하는 오로라 브레이크업 순간이다.

여러 형태가 있어요.

소용돌이 모양

커튼 모양

오로라는 태양 때문에 생겨요

많은 에너지를 가진 플라스마 전기를 띤 입자가 지구로 날아오는 것을 태양풍이라고 해요. 이 태양풍 때문에 오로라가 생긴답니다. 오로라는 보통 북반구나 남반구의 위도 55~70도 사이에서 보여요.

태양에서 날아온 플라스마는 지구 자기력선을 따라 찾아오지.

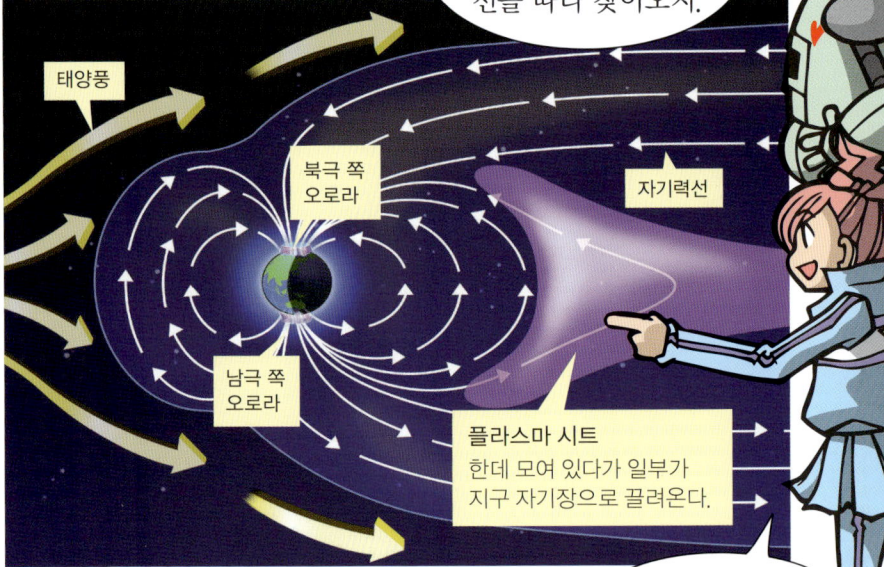

태양풍
북극 쪽 오로라
자기력선
남극 쪽 오로라
플라스마 시트
한데 모여 있다가 일부가 지구 자기장으로 끌려온다.

플라스마가 지구로 날아오네!

지구 대기에 부딪쳐 빛이 나요

플라스마가 대기 속의 분자나 원자와 부딪칠 때 에너지가 빛으로 바뀌어요. 이것이 오로라예요. 오로라의 색깔은 주로 녹색이지만, 부딪치는 물질이나 높이에 따라 여러 가지 빛을 내요.

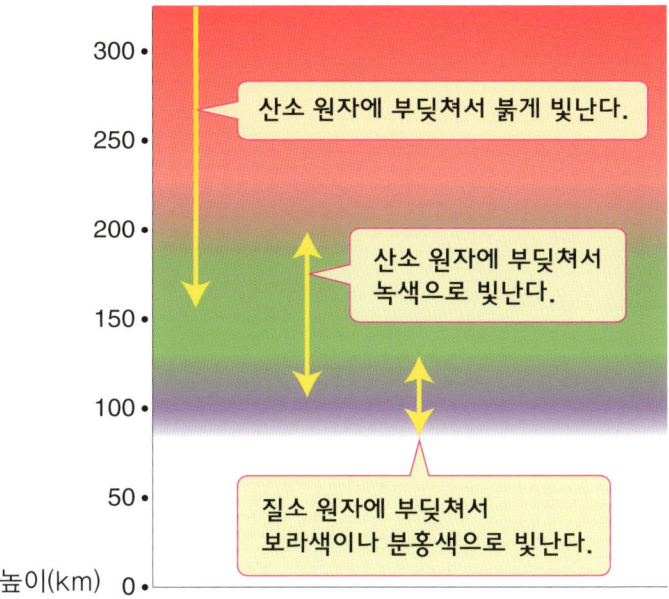

시간에 따라 모양이 바뀌어요

아침에는 반점 모양, 저녁에는 커튼 모양, 한밤중까지는 매우 밝은 물결 모양, 새벽에는 오메가 모양의 오로라가 보이는 경우가 많아요.

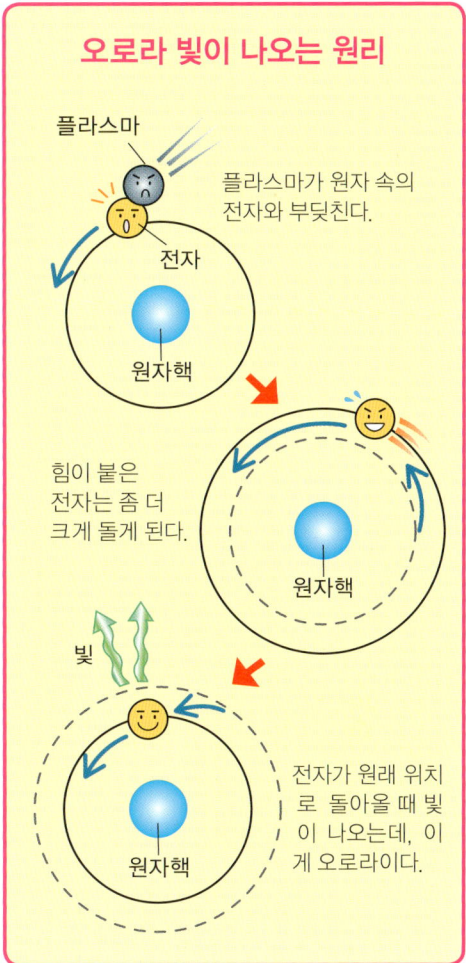

오로라 빛이 나오는 원리

이웃 일본에서도 볼 수 있다?

일본에서 보이는 것은 저위도 오로라이며, 홋카이도 등지에서 볼 수 있다. 심한 태양풍이 찾아오면 오로라가 보이는 장소가 저위도까지 확대된다. 일본에서는 오로라 상부의 빨간 부분이 보여 산불로 오해할 만큼 하늘이 붉어진다.

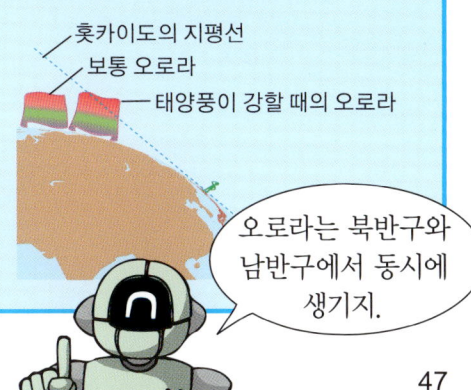

오로라는 북반구와 남반구에서 동시에 생기지.

나침반으로 지금 있는 장소를 찾아보세요

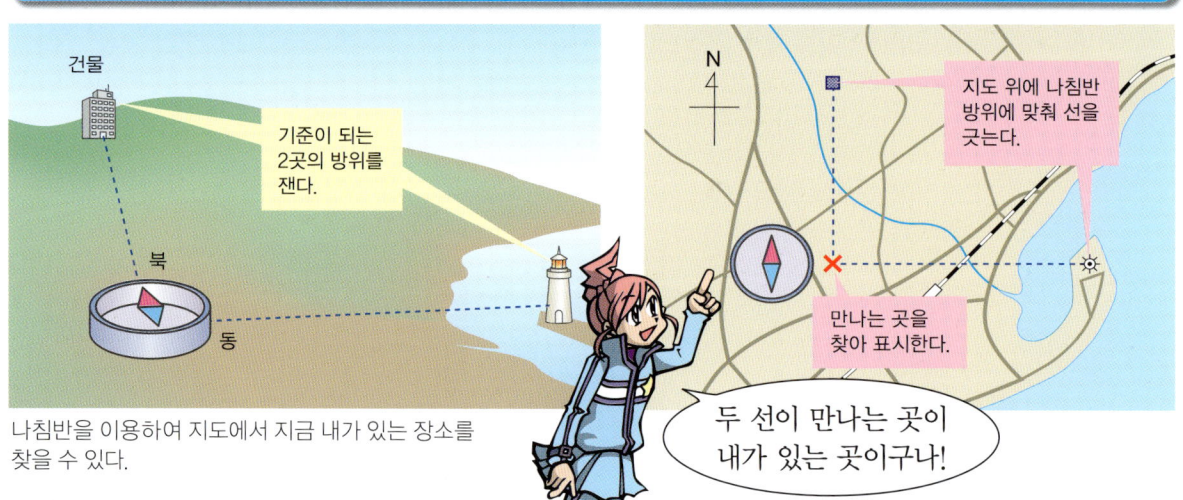

8 에베레스트가 바다 밑이었다?

높은 산이 생기는 과정과 대륙 이동설

에베레스트는 이렇게 만들어졌어요

지금으로부터 5500만~4500만 년 전에 인도 대륙과 유라시아 대륙이 충돌하면서 바다 속 지층을 들어 올려 히말라야 산맥이 생겼어요. 두 대륙이 충돌하는 부분을 봉합대라고 하며, 지각 가장 깊은 곳에서 생긴 암석을 볼 수 있어요.

에베레스트 산이 만들어진 과정

① 인도·오스트레일리아 판 위에 있는 인도 대륙이 테티스 해를 밀면서 해양판 위에 있는 유라시아 대륙에 충돌했다.

인도 대륙은 6,000 킬로미터나 북상했다!

❶ 약 2억 년 전 인도 대륙은 초대륙 판게아의 일부였다. 1억 5천년 전쯤 떨어져 나가면서 판을 타고 북상하기 시작했다.

❷ 적도를 넘어 계속 북상하던 인도 대륙은 약 5000만 년 전에 북서부가 당시의 유라시아 대륙과 충돌했다.

❸ 약 3800만 년 전에 남동부가 유라시아 대륙과 충돌했다.

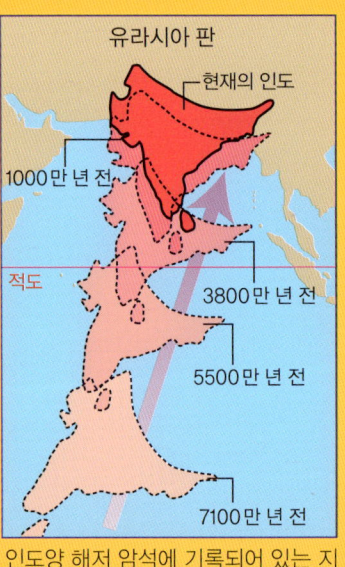

인도양 해저 암석에 기록되어 있는 지구 자기를 측정하여 밝혀졌다.

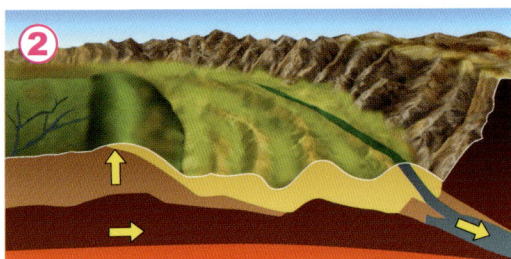

② 테티스 해는 없어지고, 바다 속에 있던 퇴적물은 유라시아 대륙 쪽으로 밀린다. 인도 대륙은 유라시아 대륙 아래로 들어간다.

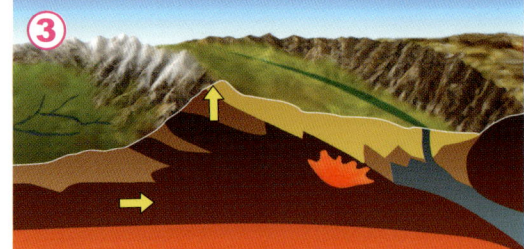

③ 밀린 퇴적물은 휘어지고 쪼개지는 등의 지각 변동을 받아 위로 솟아오른다.

에베레스트 산 정상은 주무랑마 층과 옐로 밴드로 나눌 수 있어요. 두 층 모두 석회암이 열을 받아 생긴 결정질석회암으로 되어 있어요. 석회암은 동물 뼈나 피부가 바다 밑에 쌓여 생기기 때문에 에베레스트 산이 먼 옛날 바다 속에 있었다는 것을 알 수 있지요.

주무랑마 층
약 5억~4억 6000만 년 전 지층으로, 석회암으로 되어 있다. 갯나리나 삼엽충 화석이 많이 발견된다.

옐로 밴드
에베레스트 산과 그 주변에서만 볼 수 있는 지층으로 노란색을 띠어 옐로 밴드라고 한다. 5억 년 이상 전의 지층으로, 석회암과 이암이 반복되면서 만들어졌다. 갯나리 화석을 볼 수 있다.

삼엽충 화석
바다 속을 기거나 헤엄쳐 다녔다.

갯나리 화석
약 5억 년 전에 등장한 성게나 말미잘 비슷한 생물

에베레스트 산은 지금도 높아지고 있다

인도 대륙과 유라시아 대륙의 충돌은 지금도 계속되고 있어서 히말라야 산맥은 한 해 4~6밀리미터씩 높아지고 있다. 그러나 대부분 비바람에 깎여서 실제로는 1밀리미터밖에 높아지지 않는다. 공식 높이는 8,848미터지만, 1999년의 GPS 관측에서 8,850미터로 확인되었다.

에베레스트 산 정상

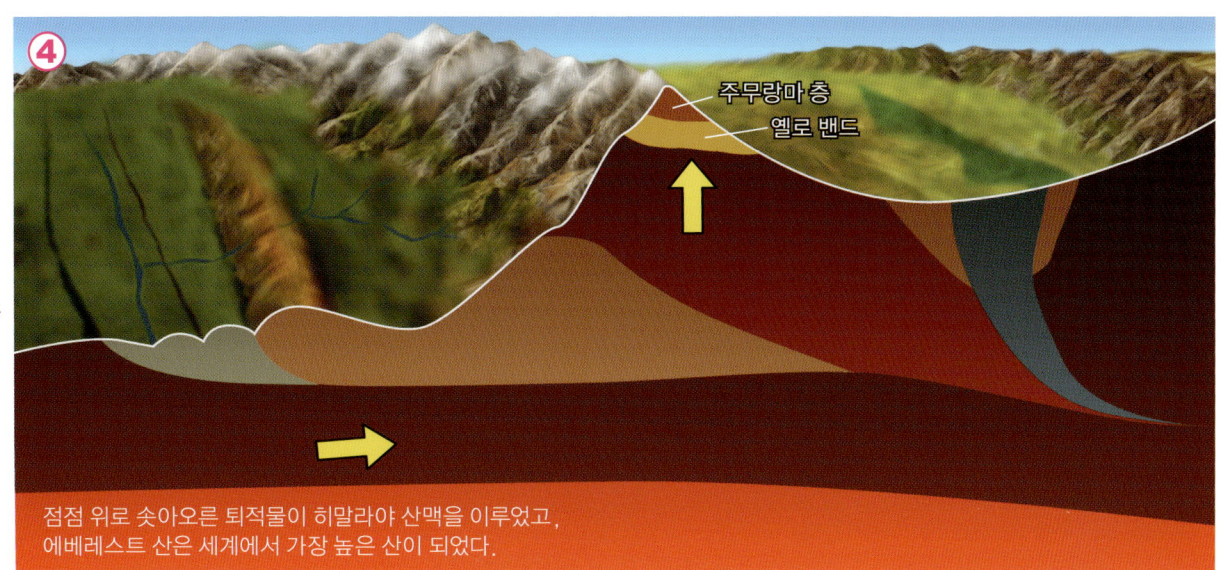

④ 점점 위로 솟아오른 퇴적물이 히말라야 산맥을 이루었고, 에베레스트 산은 세계에서 가장 높은 산이 되었다.

주무랑마 층
옐로 밴드

높은 산이 생기는 과정과 대륙 이동설

아주 옛날 대륙은 하나였어요

인도 대륙이 유라시아 대륙과 충돌했다는 사실은 베게너의 대륙 이동설에 의해 밝혀졌어요.

알프레드 베게너 (1880~1930년)
독일의 기상학 및 천문학자. 1912년 학회에서 처음 대륙 이동설을 발표하고, 1915년 《대륙과 해양의 기원》을 출간했다.

1 베게너가 주장한 **대륙 이동설**

대서양에 인접한 아메리카, 유라시아, 아프리카 대륙의 해안선 모양이 퍼즐처럼 들어맞는다는 것에서 연구를 시작해 대륙 이동설이 탄생했어요. 원래는 하나의 초대륙인 판게아가 나뉘어 이동했다는 이론이지요.

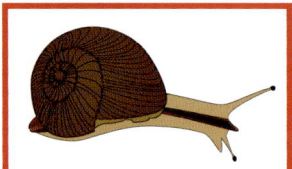

달팽이의 발견
석탄기쯤 북아메리카와 유라시아 대륙이 연결되어 있었음을 나타낸다.

동물의 서식지 외에도 빙하 지대의 분포가 페름기에 남북아메리카, 아프리카, 오스트레일리아 대륙이 서로 연결되어 있었다는 것을 나타내고 있다.

리스트로사우루스의 발견
트라이아스기쯤 유라시아, 아프리카, 인도, 남극 대륙이 연결되어 있었음을 나타낸다.

북아메리카

남아메리카

2 베게너가 죽은 후 주목 받은 **대륙 이동설**

용암이 굳을 때 지구 자기장 영향을 받아 자력을 띠게 돼요. 몇 억 년 전의 지층에 나침반을 설치하면, 현재와는 다른 남북을 가리키는 것을 볼 수 있어요. 그것은 그 무렵에는 지금의 장소에 그 대륙이 있지 않았다는 것을 증명하는 거예요.

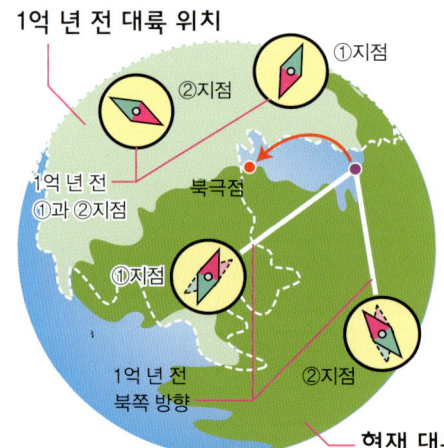

1억 년 전 대륙 위치
①지점
②지점
1억 년 전 ①과 ②지점
북극점
①지점
1억 년 전 북쪽 방향
②지점
현재 대륙

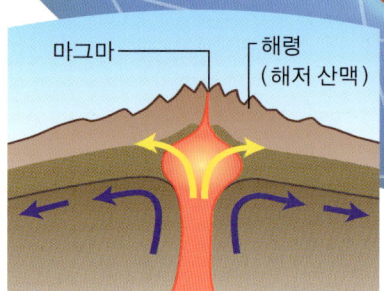

마그마 / 해령(해저 산맥)

해양저 확대설
태평양이나 대서양 밑에는 해령이 있다. 이곳에서 지구 내부로부터 마그마가 솟아올라, 양쪽으로 새로운 해저가 만들어진다.

3 판을 타고 대륙이 움직여요

대륙 이동설에서 좀 더 발전한 해양저 확대설을 근거로 지진이나 화산의 분포가 띠 모양으로 연결되어 있다는 사실이 주목을 받았어요. 그로부터 지구는 크고 작은 판으로 덮여 있으며 대륙은 그 판 위에 얹혀 움직인다는 '판구조론'이 탄생했어요.

대륙이 왜 이동하는지는 오랫동안 수수께끼였어요.

대륙 이동의 힘은 맨틀 대류에서 온다

지구 안쪽에서 뜨거워진 맨틀은 지표 가까이 올라오면 식는다. 차가워진 맨틀은 아래로 내려가고 다시 뜨거워져 위로 올라오는데, 이를 맨틀의 대류라고 한다. 맨틀의 대류가 판을 계속 움직이기 때문에 그 위에 있는 대륙도 움직인다.

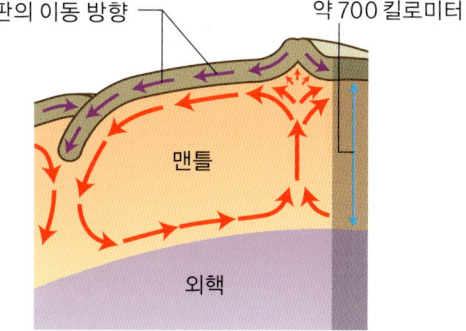

대륙은 지금도 계속 움직이고 있다

3억 년 전부터 지금까지 대륙의 분열과 이동 상황을 그린 그림이다. 인도 대륙이 오스트레일리아와 남극 대륙에서 떨어져 유라시아 대륙 쪽으로 옮겨 갔다.

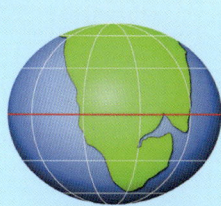

3억 년 전
하나의 거대한 대륙 판게아가 있었다.

7100만 년 전
인도 대륙(파란색)이 떨어져 북쪽으로 향했다.

약 5500만 년 전
인도 대륙이 유라시아 대륙과 충돌했다.

높은 산이 생기는 과정과 대륙 이동설

지진은 왜 일어날까?

지진의 비밀과 대피 요령

지진은 판들이 서로 부딪쳐서 생기는 충격 때문에 일어나요

지진의 원인은 판의 비틀림 때문

해양판이 대륙판 아래로 가라앉고, 대륙판이 끌려 들어가면서 비틀려요. 이 비틀림이 견딜 수 없을 만큼 커지게 되면 대륙판이 튕겨나오거나 부서지면서 지진이 일어나요.

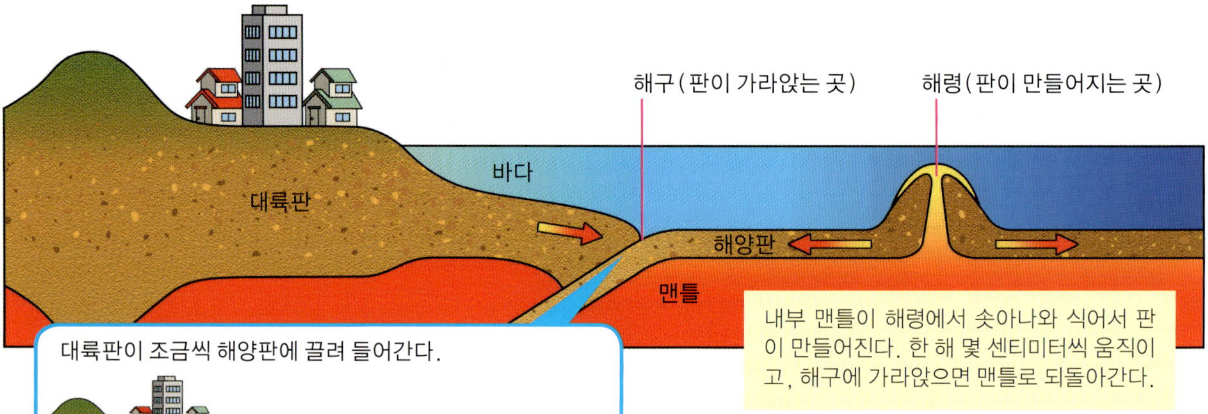

해구(판이 가라앉는 곳) / 해령(판이 만들어지는 곳) / 바다 / 대륙판 / 해양판 / 맨틀

대륙판이 조금씩 해양판에 끌려 들어간다.

내부 맨틀이 해령에서 솟아나와 식어서 판이 만들어진다. 한 해 몇 센티미터씩 움직이고, 해구에 가라앉으면 맨틀로 되돌아간다.

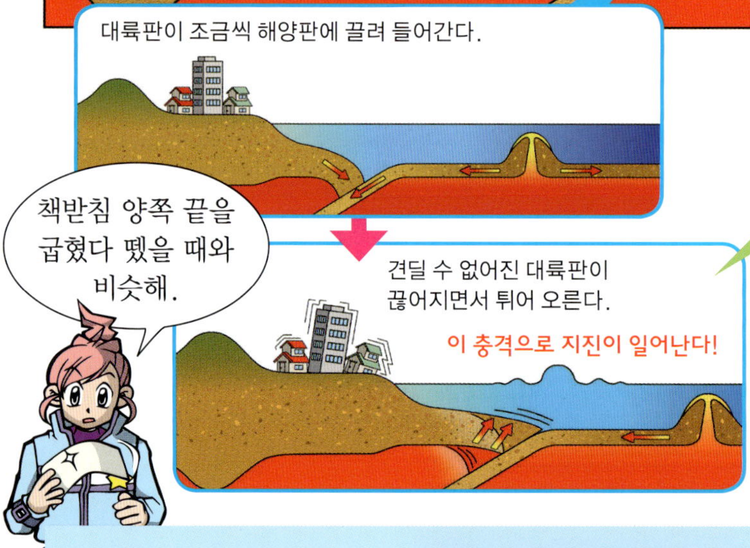

책받침 양쪽 끝을 굽혔다 뗐을 때와 비슷해.

견딜 수 없어진 대륙판이 끊어지면서 튀어 오른다.
이 충격으로 지진이 일어난다!

단층이 생길 때 지진이 일어난다

80킬로미터에 걸쳐 지면이 어긋난 지진 당시의 사진(위)과 현재의 단층 사진(오른쪽)

일본은 지진의 온상

지구에는 10장 정도의 큰 판이 있고, 각 판의 경계에서 지진이 많이 일어난다.

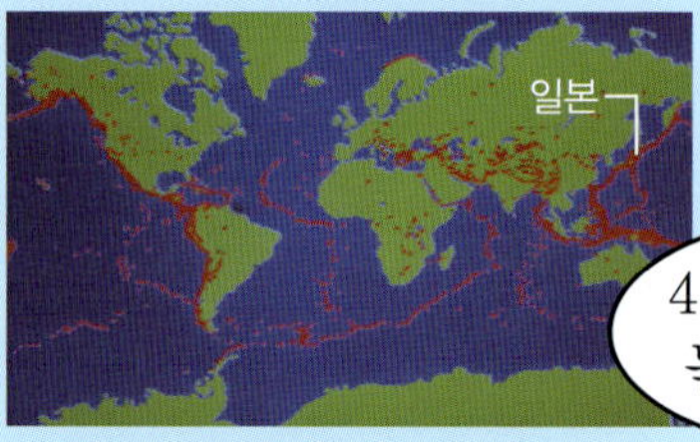

일본이 이 경계에 있어서 지진이 많이 일어나는 거야.

붉은 점이 지진이 일어난 지점을 나타낸다.

판 4장이 서로 부딪치므로 지진이 일어나기 쉽다.

4장의 판 위에 놓여 있구나.

유라시아판 / 북아메리카판 / 태평양판 / 필리핀해판 / 일본

처음에는 달각달각 나중에는 흔들흔들

지진이 일어나면 두 종류의 지진파가 동시에 발생해요. 처음에는 P파(빠른 파)가 도착해서 달각달각 작게 흔들리고, 그 다음에 S파(늦은 파)가 도착해서 흔들흔들 크게 흔들립니다.

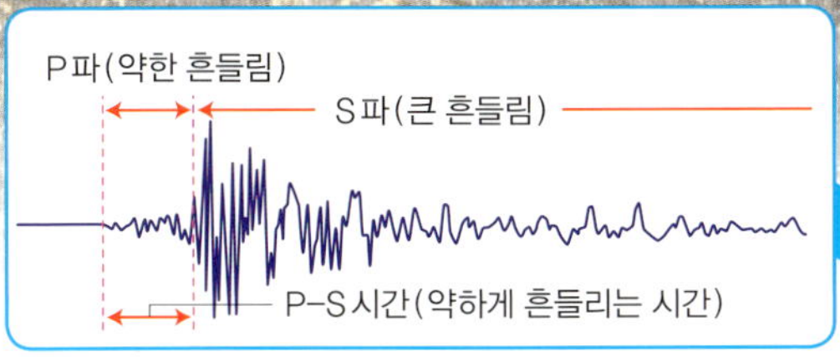

P파 도착 후 S파가 도착할 때까지의 시간인 P-S시간으로 지진이 일어난 지점까지의 거리를 계산한다.

진앙 진원 바로 위의 지상 지점
단단한 지반 / 약한 지반
진원 지진이 발생한 곳

P파의 흔들림을 느끼는 시간(초)에 6을 곱하면 진원까지의 거리를 대략 알 수 있어.

약한 지반에서는 흔들림이 커서 피해도 커지는 거야.

흔들림이 큰 게 위험하구나!

세로로 흔들리면 위험하다?

위아래로 흔들리는 지진이 모두 위험한 것은 아니다. P파의 흔들림은 아주 약하다. 위아래로 흔들린다고 느끼면 대부분이 S파이다. 그러나 P파의 흔들림이 밀어 올리는 정도로 강하게 느껴진 경우에는, 다음에 오는 S파의 흔들림도 매우 커서 위험하다.

 진도는 흔들림의 크기

진도란 각 관측 지점에서의 흔들림의 정도를 나타내는 지표예요. 우리나라는 12계급의 **수정 메르칼리 진도 계급**을 쓰고 있어요. 일본은 10단계로 된 다른 기준을 사용해요.

진도별 피해 정도 (미국식 수정 메르칼리 진도 계급)

진도	흔들림이나 피해 상황	진도	흔들림이나 피해 상황
4	많은 사람들이 느끼고 그릇이나 창문 등이 흔들린다. 멈춰 있는 자동차가 뚜렷하게 움직인다. 	7	모든 사람들이 밖으로 뛰쳐나온다. 가구가 넘어지고, 운전 중인 운전자도 진동을 느낀다. 
5	 밤에 잠에서 깰 정도로 거의 모든 사람들이 느끼고 접시나 창문 등이 일부 깨진다.	8	 창문이 떨어져 나간다. 기둥, 벽들이 무너지는 등 건축물에서 피해가 발생하기 시작한다.
6	많은 사람들이 느껴 밖으로 뛰쳐 나오며, 무거운 가구가 움직이기도 한다. 	9	잘 설계된 구조물이 기울고 지면에 선명한 금이 생긴다. 모든 건물에 피해가 생기며 부분 붕괴가 일어난다. 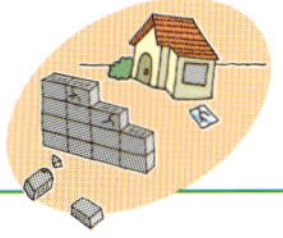

지진의 비밀과 대피 요령

무시무시한 지진의 피해와 그 대책

지진을 미리 정확히 알기는 어려워요. 하지만 평소 지진에 대비하고 대피 방법을 알아 두면 그 피해를 줄일 수 있어요.

지진으로 무너진 건물

지진 직후 발생한 화재

 지진이 일어났을 때 대피 요령

① 건물 안에 있을 때

화재의 위험이 있는 제품의 전원을 끈 후, 단단한 탁자 밑으로 몸을 숨긴다. 몸을 숨길 만한 곳이 없더라도 부엌이나 화장실 등 위험한 물건이 떨어질 만한 곳은 피한다.

② 거리에 있을 때

유리창이나 간판 밑은 피한다. 머리를 보호하고 근처 넓은 곳으로 대피한다. 몸이 흔들려도 건물이나 전봇대에 기대는 것은 위험하다.

③ 사람들이 많은 곳

책임자의 지시에 따라 침착하게 행동한다. 지진으로 인한 위험보다 혼란으로 인한 위험이 더 클 수 있기 때문이다.

④ 근처에 산, 바다가 있을 때

산 근처나 바닷가로는 절대 가지 말아야 한다. 산사태와 낙석의 위험이 있고, 지진 해일이 생기는 경우도 있다.

⑤ 기타

지진은 짧은 시간에 끝난다. 길어도 1분 이내에 모든 상황이 끝난다. 그러니 먼 곳으로 대피하지 말고, 지금 있는 곳에서 가장 안전한 방법을 취한다.

유비무환 정신이면 큰 재해도 피할 수 있어요.

지진으로 끊어진 도로와 추락한 승용차

지진은 예측이 가능할까?

몇 십 년, 몇 백 년 후에 지진이 일어날 것이라는 장기 예보는 가능하지만, 며칠 뒤의 지진을 알아내는 단기 예보는 어렵다. 그래서 지진의 징조를 파악하는 데 애쓰고 있다. 동물이 이상한 행동을 하는 것도 지진의 징조이다.

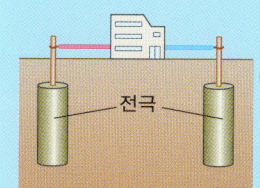

2004년 수마트라 섬 앞바다 지진 당시, 바닷가에 있던 코끼리가 사람을 태운 채 언덕 위로 달아난 일도 있었대!

지진 예보에 성공한 그리스

지전류를 관측해 이상현상을 알아내는 방법으로, 1985~1995년까지 그리스에서 일어난 리히터 규모 5.5도 이상의 지진을 8회 예측했다.

판이 지진을 일으킬 정도의 힘을 받으면 전류가 변하지.

뉴스를 주의 깊게 살핀다

요즘은 자연 재해가 일어나면 긴급 뉴스를 내보낸다. 지진이나 태풍, 해일 등은 미리 알고 대피하면 최악의 상황을 피할 수 있으므로 뉴스를 주의 깊게 보고 행동하는 게 좋다.

지진의 흔들림은 지진의 규모가 클수록, 진원이 가까울수록 커집니다.

세계 최초 계측 진도계 등장!

계측 진도계는 진도와 발생 장소를 조사하여 다른 지점에 지진이 전해지기 전에 미리 알린다. 이 정보를 기초로 가스 등을 차단해서 화재 같은 2차 재해를 막는 데 도움이 된다.

계측부 건물의 1층에 고정한다.

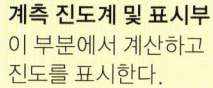

계측 진도계 및 표시부 이 부분에서 계산하고 진도를 표시한다.

지진의 비밀과 대피 요령

지진이 났을 때 인명 구조 활동

1995년 고베 대지진 때 인력과 장비가 부족해서 많은 생명을 잃은 일본은 1996년 하이퍼 레스큐대(소방구조기동대)를 만들었어요. 생명 확인에 도움이 되는 시리우스, 좁은 틈을 들여다보는 파이버스코프, 음향 탐지기, 어두운 곳을 보는 카메라 등 최신 장비도 갖추었어요. 2004년 니가타 지진에서 큰 성과를 올렸지요.

심장과 폐의 움직임을 전자파로 알아내는 장치

어린이가 구조되는 모습

10 바닷물은 왜 짠맛이 날까?

바다가 만들어진 이야기

바닷물이 짠 이유는 지구의 탄생과 관계가 있어요

"바다의 성분은 원래 우주에서 온 거예요."

컵 한 잔의 바닷물에는 작은 숟가락에 소복하게 담길 정도의 염분이 들어 있다.

바다에 염분이 생기기까지

1 막 생겨난 지구에 소행성이 충돌한다

약 46억 년 전에 소행성이 서로 부딪쳐 지구가 태어났다. 그 과정에서 지구는 뜨거워지고 이산화탄소, 수증기, 질소 등의 기체가 생겼다.

물을 머금고 있는 운석

2 지구 열로 수분이 증발한다

기체는 지구를 덮는 대기가 되어 소행성이 부딪칠 때 생긴 열을 가두었다. 지구는 더욱 뜨거워져서 대지의 수분이 활발하게 증발했다.

"대기에 질소, 유황, 염소, 이산화탄소 등의 가스가 포함되어 있다."

3 차가워진 지구에 비가 내린다

소행성의 충돌이 줄어들면서 지구가 식고 암석이 지구를 덮었다. 대기중의 수증기도 식어 구름이 되고, 마침내 비가 내려 원시 바다가 생겼다.

"대기가 식자 수증기가 비가 되어 내린 것이지요."

바닷물의 성분

바닷물은 대부분 물이다. 그중 염분은 3.4퍼센트만 들어 있다. 이 밖에도 많은 물질이 들어 있다.

제1위	산소	물을 구성하는 원소
제2위	수소	
제3위	염소	소금(염화나트륨)을 구성하는 원소
제4위	나트륨	
제5위	마그네슘	
제6위	유황	
제7위	칼슘	
제8위	칼륨	
제9위	브롬	
제10위	탄소	

바닷물에 함유된 것(퍼센트)
- 기타 염분 0.8
- 소금 2.6
- 물 96.6

"바다에는 어떻게 이렇게 많은 것이 들어 있을까?"

"떨어진 운석에 들어 있던 거야."

4 빗물에 소금을 구성하는 염소와 나트륨이 녹아든다

계속 내린 비가 흘러서 낮은 곳에 고인다. 이때 암석에 들어 있는 나트륨이나 화산에서 나온 염소 등이 물에 녹아서 지금의 바다와 거의 같은 성분이 되었다.

"화산에서 나온 염소가 물에 녹는다."

"바위의 나트륨 등이 녹아 들어간다."

"화산에서 나온 염소와 바위에 들어 있던 나트륨이 결합해서 소금이 되었구나!"

5 지금 같은 바다가 되었다

비가 더 많이 내려서 38억 년 전쯤 지금과 거의 비슷한 바다가 되었다.

"이 바다에서 드디어 생명체가 태어나게 되는 거야."

"바닷물이 짠 건 운석 때문이라고 할 수도 있겠구나!"

바다가 만들어진 이야기

짠맛이 나는 호수도 있어요

와! 튜브도 없는데 사람들이 떠 있어.

세계에서 제일 짠 소금 호수, 사해

이스라엘과 요르단 사이에 있는 사해에는 바닷물의 7배나 되는 염분이 들어 있어요. 염도(소금기의 정도)가 높을수록 물체가 뜨기 쉬워요. 사해에서는 튜브가 없어도 가라앉지 않아요.

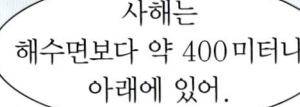

사해는 해수면보다 약 400미터나 아래에 있어.

높은 곳에 있는 소금 호수, 우유니

▲ 호숫가에 소금이 쌓인 모습

소금으로 지어진 호텔

▶ 호텔 의자와 책상, 침대까지 소금으로 만들어져 있다.

남아메리카 볼리비아의 우유니는 해발 3,650미터나 되는 곳에 있어요. 오랜 옛날에는 바다였다가 지각변동으로 땅이 솟아올라 호수가 만들어졌어요. 비가 내리지 않는 건기에는 흰 소금이 펼쳐진 평원이에요.

죽음의 골짜기에 있는 호수, 배드워터

미국 캘리포니아 주 데스밸리에는 배드워터라는 소금 호수가 있어요. 해수면보다 약 85미터 아래에 있어요. 데스밸리는 죽음의 골짜기라는 뜻으로, 소금과 진흙이 섞인 황무지예요.

▲ 소금과 진흙이 섞인 땅이 끝없이 이어지는 배드워터

생물이 살아가는 데 꼭 필요한 소금! 이렇게 얻는다

장소에 따라 만들어진 소금의 맛과 성분은 다 다르다. 그중에서도 바닷물에서 얻는 소금에는 무기질이 많이 함유되어 있어서 좋다.

바닷물을 증발시켜 소금을 얻는다.

호수의 소금 덩어리를 블록처럼 잘라낸다.

소금이 굳어 만들어진 결정인 암염을 캔다.

짜지 않은 호수는 어떻게 생겨났을까?

대부분의 호수는 짜지 않아.

짜지 않은 호수(담수호)와 소금 호수는 만들어진 과정이 달라요. 담수호는 대지의 움직임이나 화산 폭발 등으로 팬 구덩이에 물이 고이거나, 강이 막히거나 홍수로 강의 흐름이 바뀌면서 생겨요.

화산 호수

화산 호수는 화산 폭발로 생긴 구덩이에 물이 고인 거예요. 형태에 따라 칼데라 호, 화구호, 언지호로 나뉘어요. 천지는 우리나라 유일의 칼데라 호예요.

빙하 호수

오래도록 녹지 않는 거대한 얼음 덩어리를 빙하라고 해요. 지구에 추운 날이 계속되던 빙하기가 끝나자 얼음이 녹은 물이 고여 빙하 호수가 됐어요.

바다가 만들어진 이야기

11 강은 어디서부터 시작될까?

아마존 강과 세계의 강

세계 최대의 강, 아마존 강을 여행해요

아마존 강은 남아메리카 대륙 북부를 서쪽에서 동쪽으로 가로질러 대서양까지 흐르는 아주 큰 강이에요. 페루의 안데스 산맥에서 시작되는 우카얄리와 마라논 강이 원류이며, 길이는 약 6,400 킬로미터로 아프리카 나일 강에 이어 세계에서 두 번째로 길어요. 1,000 개가 넘는 지류를 전부 합하면 5만 킬로미터가 넘어서 세계를 일주하는 것보다 길어요.

중간에 강 이름이 바뀌네.

솔리몽에스 강

이키토스

마라논 강

우카얄리 강

푸칼파

아마존 강가 야자나무 뿌리
고온 다습한 아마존 강 근처의 나무는 땅 위로 뿌리를 드러내고 호흡한다.

아마존 강의 원류

하구에서는 폭이 350 킬로미터나 되는 아마존 강도 원류 부근에서는 폭이 10 미터밖에 안 된다.

티티카카 호수

아마존 강은 엄청나게 높은 곳에서 시작되는구나.

강바닥에서 사금이 발견된 적도 있어.

● 색깔이 다른 물이 흐른다?

아마존 강의 지류는 물에 들어 있는 성분에 따라 색깔이 달라진다. 사진 속 강의 오른쪽은 진흙 때문에 갈색으로, 왼쪽은 강바닥에 쌓인 낙엽에서 흘러나온 성분 때문에 검게 보인다. 색깔이 다른 강물은 합쳐져도 한동안은 섞이지 않고 흘러간다. 유기산 등 영양분이 풍부한 아마존 강에는 3,000종이 넘는 생물이 살고 있다.

아마존 강과 세계의 강

마나우스 · 오비두스 · 마라조 섬

아마존 강 · 벨렝

다른 곳에서는 볼 수 없는 동식물도 많아요!

아마존 강의 별난 물고기와 식물

피라루쿠
세계에서 제일 큰 담수어. 보통 2미터 정도지만 5미터까지 크기도 한다.

아마존 수련
잎의 지름이 2미터나 된다.

피라니아
날카로운 이빨을 가진 육식 물고기. 소처럼 큰 동물을 먹어 치우기도 한다.

아마존 강의 시작
아마존 강의 원류는 처음 1,000킬로미터는 5,000미터의 높이를 내려오는 급류이다. 안데스 산맥을 내려와서는 평평한 땅을 구불구불하게 흐른다. 바다와 만나는 하구 부근에는 흙과 모래가 쌓여 삼각주를 만든다. 마라조 섬도 그렇게 생긴 것으로, 제주도 크기의 10배 정도 된다.

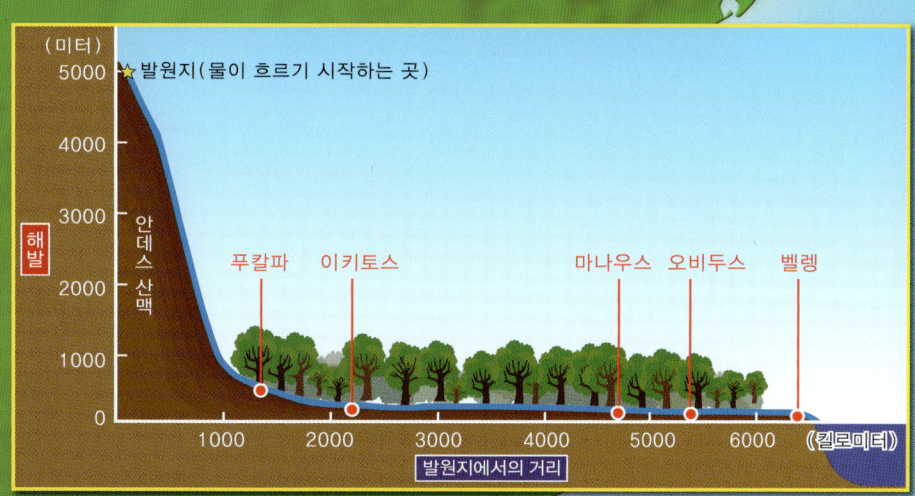

69

세계의 큰 강들

미시시피 강
이타스카 호수에서 시작되며, 길이 6,020 킬로미터로 세계에서 네 번째로 긴 강. 2005년 대형 태풍 카트리나로 강 유역이 큰 피해를 입었다.

콜로라도 강
로키 산맥에서 시작되는 강으로, 길이는 2,333 킬로미터. 스페인 어로 붉은 강이라는 뜻. 흙과 모래를 많이 운반해 물 색깔이 붉게 보인다. 어마어마한 규모의 후버 댐이 강을 막아 하류에는 물이 적게 흐른다.

강물이 붉은색이야!

파라나 라플라타 강
길이 4,880 킬로미터. 유역면적이 남아메리카에서 두 번째로 크다. 하구 폭은 225 킬로미터나 된다.

우리나라의 4대 강

한강
강원, 충북, 경기, 서울을 거쳐 서해로 들어가는 강. 중부의 상수도원으로, 하류에는 김포평야가 펼쳐져 있다.

금강
길이 394.79 킬로미터. 소백산맥에서 시작해 충청남도와 전라북도 경계를 흘러 서해로 나간다. 부여 근처에서는 백마강이라고도 부른다.

낙동강
길이 506.17 킬로미터로 우리나라에서 제일 길다. 강원 함백산에서 시작해 영남 지방을 거쳐 남해로 나간다.

영산강
길이 115.5 킬로미터. 전라남도 담양군에서 남서쪽으로 흘러 서해로 나간다. 나주평야를 비롯 호남의 젖줄이다.

강의 하류에는 비옥한 평야가 펼쳐져 있어요.

황허 강
길이 5,464킬로미터로, 많은 양의 흙과 모래를 운반하기 때문에 강이 누렇게 보인다. 하구의 삼각주에는 매년 넓이 600~2,000헥타르의 땅이 생긴다. 고대 중국 문명은 이 강 유역에서 시작되었다.

헤이룽 강(아무르 강)
몽골 고원에서 시작되며 길이는 4,416킬로미터. 오호츠크 해로 흘러 들며 유빙(물 위를 떠다니는 얼음덩이)을 만든다.

라인 강
길이 1,320킬로미터. 알프스에서 시작해 북해로 흘러간다.

티그리스 강
길이 1,900킬로미터. 터키와 이라크를 거쳐 페르시아 만으로 들어간다.

인더스 강
길이 2,900킬로미터. 히말라야에서 아라비아 해로 흘러간다.

세계에는 큰 강이 많구나!

머리-달링 강
코지어스코 산에서 시작하며, 길이는 3,750킬로미터이다. 오스트레일리아 대륙에서 가장 긴 강이지만 염분이 많아 마실 수는 없다.

나일 강
6,690킬로미터로 세계에서 제일 길다. 1970년 아스완 하이 댐이 완성되기 전에는 매년 여름 홍수로 영양분이 풍부한 흙이 운반되어 고대 이집트 문명 발달의 토대가 되었다.

● 강에서 시작된 4대 문명
큰 강 주변은 농업이 발전하게 된다. 영양분이 풍부한 흙과 모래가 운반되어 강 유역에 기름진 땅이 만들어지기 때문이다. 이집트 문명(나일 강), 인더스 문명(인더스 강), 황허 문명(황허 강), 메소포타미아 문명(티그리스, 유프라테스 강)은 모두 강가에서 꽃을 피웠다.

12 흙은 무엇으로 만들어질까?

커다란 바위가 모래와 흙이 되기까지

바위가 부서지면 모래나 흙이 돼요

물의 흐름이 바위를 부순다

비가 내려 강이 되어 흐르면서 산 표면이 깎이거나 무너져 큰 바위가 생겨요. 큰 바위는 물에 의해 강 아래로 운반되는 동안 부딪치고 깨져 점차 둥글고 작아져요.

물에 의해 강 안쪽이 깎여 생긴 절벽

물의 힘이란 굉장해!

오랜 세월이 걸리는 거야.

상류의 강변
막 떨어져 나온 울퉁불퉁한 커다란 바위가 많다.

중류의 강변
물 흐름이 빠르고 곳곳에 넓은 강변이 있다. 갖가지 크기의 둥근 돌과 모래가 쌓여 있다.

커다란 바위가 강을 따라 내려가면서 점점 작아져.

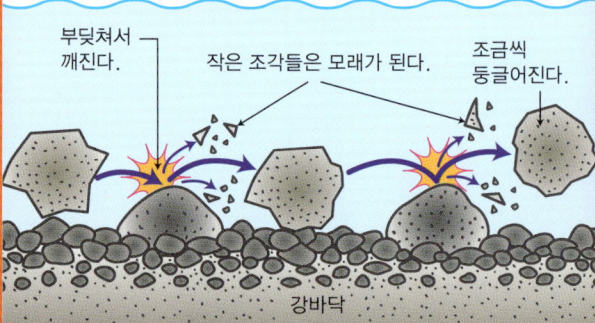
강이 흐르는 방향
부딪쳐서 깨진다. 작은 조각들은 모래가 된다. 조금씩 둥글어진다.
강바닥

단단한 암석도 푸석푸석 해지는 경우가 있다

아래 사진은 커다란 화강암이 부서져 생긴 절벽이다. 튀어나온 곳은 딱딱한 바위지만, 주위는 손으로 만지기만 해도 부서져 내린다.

단단해야 할 바위가 계속 허물어지고 있어!

암석도 부수는 풍화 작용

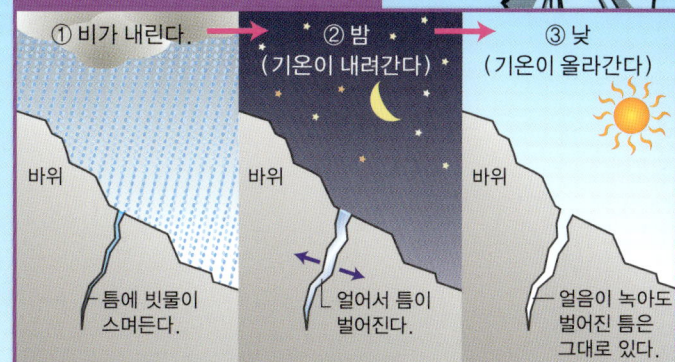

① 비가 내린다. → ② 밤 (기온이 내려간다) → ③ 낮 (기온이 올라간다)

바위 — 틈에 빗물이 스며든다.
바위 — 얼어서 틈이 벌어진다.
바위 — 얼음이 녹아도 벌어진 틈은 그대로 있다.

① 비가 내려 바위 표면의 작은 구멍이나 깨진 틈에 빗물이 스며든다.
② 밤에 기온이 내려가서 물이 얼면 부피가 늘어나 틈이 벌어진다.
③ 낮이 되어 얼음이 녹아 물이 증발해도 빈틈은 벌어진 그대로 있다.
①~③의 반복으로 바위가 점점 부서진다.

커다란 바위가 모래와 흙이 되기까지

하류의 강변
물 흐름이 느리고 강폭이 넓다. 강변에 자갈과 흙이 쌓여 있다.

모래와 흙은 어떻게 다르지?

그것도 알아보자.

흙은 입자의 크기에 따라 나누어진다

입자의 크기 (밀리미터)	종류		특징
2.0보다 크다		자갈	따로따로 떨어져 있고, 달라붙거나 뭉치지 않는다.
0.2~2.0	모래	굵은 모래	
0.02~0.2		가는 모래	
0.002~0.02	흙	실트	매끄러워서 달라붙지 않는다.
0.002보다 작다		점토	축축하고 달라붙는다. 마르면 딱딱해진다.

흙은 살아 있어요

생물이 없으면 흙도 살 수 없다

흙이란 단순히 암석 부스러기가 모인 게 아니에요. 죽은 동식물이 썩어서 생긴 유기물이 섞여 있고, 미생물도 살아가지요. 미생물은 유기물을 분해해서 이산화탄소나 질소 등을 만들어 내요.

미생물이 없으면 식물은 자랄 수 없어.

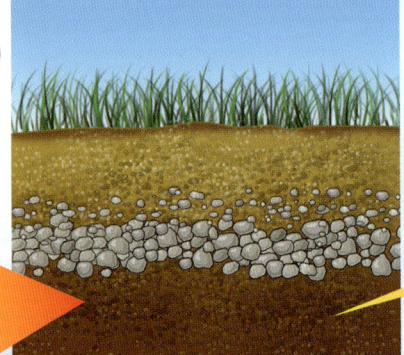

동식물의 배설물 등이 섞이며 영양분이 많은 흙으로 변한다.

살아 있는 흙이 되기까지

풍화되어 생긴 암석 조각이 모인다.

지면에 곰팡이나 이끼 등이 자란다. 그런 것들이 내놓는 물질이 암석을 녹인다.

생물들이 흙도 바꾸어 가는군!

모두가 서로 도와 살아 있는 흙을 만드는 거야.

점토의 성질

① 힘을 주면 모양이 변해 되돌아오지 않는다.
② 많은 양의 물을 빨아들이면 찰기가 생긴다.
③ 높은 온도로 구우면 수분이 빠져나가 입자끼리 세게 들러붙어 딱딱해진다. 점토가 가진 이런 성질을 이용해 도자기나 벽돌 등을 만든다.

도자기

벽돌 건물

전통 흙벽 집

식물은 뿌리를 그물처럼 뻗어 영양분을 흡수한다. 흙 속의 미생물은 죽은 식물을 분해하여 이산화탄소와 질소 등을 만든다.

숲 속의 흙은 제일 위에 낙엽 층이 있고, 그 아래는 낙엽이 부서져 만들어진 층, 그 밑에는 흙 속에 사는 작은 생물들이 만든 영양분 많은 부식층이 있다.

커다란 바위가 모래와 흙이 되기까지

살아 있는 흙을 만드는 생물들

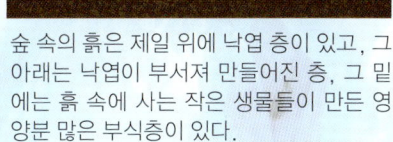

작은 생물이 큰 일을 하네.

흙에는 수많은 생물이 살고 있다. 환경에 따라 차이가 있지만 신발로 한 번 밟을 정도 넓이 (약 200제곱 센티미터)에 약 4만 마리나 되는 생물이 살고 있다.

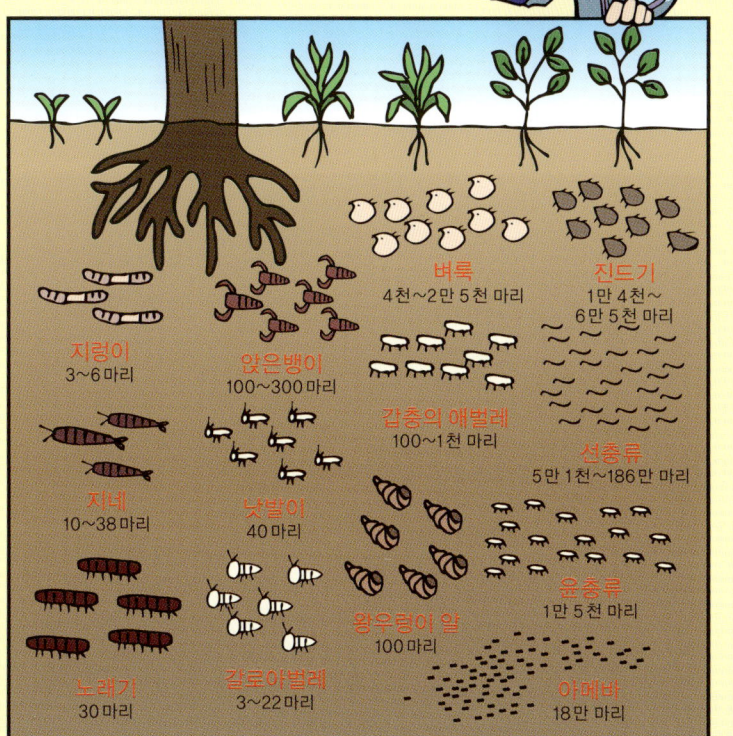

지렁이 3~6마리
앉은뱅이 100~300마리
벼룩 4천~2만 5천 마리
진드기 1만 4천~6만 5천 마리
갑충의 애벌레 100~1천 마리
선충류 5만 1천~186만 마리
지네 10~38마리
낫발이 40마리
윤충류 1만 5천 마리
왕우렁이 알 100마리
노래기 30마리
갈로아벌레 3~22마리
아메바 18만 마리

※생물의 수는 넓이 1제곱미터 안에 있는 수

사진으로 보면

낙엽층

낙엽이 부서져 만든 층

영양분이 많은 부식층

모래 속에 금이 있다? 사금

금은 금광석이라는 암석 형태로 채취되는데, 장소에 따라서는 강바닥의 모래에 섞여 사금으로 채취되기도 한다. 금은 무겁기 때문에 사금이 섞인 모래를 걸러내면 모래는 흘러가고 사금만 가라앉는다.

사금 채취를 체험하는 사람들

석회동굴은 어떻게 생겨났을까?

석회암 지대 지하에 형성된 동굴

석회동굴 탐험을 떠나요!

석주
종유석과 석순이 계속 자라 서로 만나 기둥이 된 것을 석주라고 부른다.

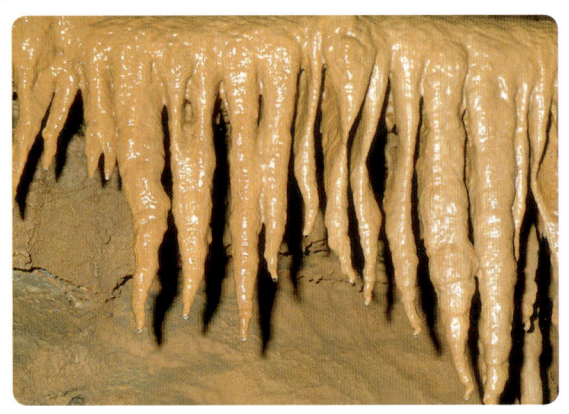

종유석
물의 양이 많아져 종유관 안이 막히거나 밖에 침전물이 쌓이고 두꺼워지면서 만들어진다. 돌고드름이라 부른다.

휴석
물방울이 동굴 바닥에 부딪치면서 광물이 쌓여 물결 모양의 제방을 이룬 것을 말한다. 물이 넘쳐 아래로 흘러 이처럼 계단식이 되는 경우도 있다.

굉장해! 마치 물이 담긴 접시를 늘어놓은 것 같아.

종유관
천장에 맺혀 있는 물방울 주변에 광물이 쌓여 만들어진다. 속이 빨대처럼 비어 있는데 물방울이 흘러내린 구멍이다.

폭포
폭포는 동굴이 여러 층일 때 아래층으로 물이 흐르면서 생기거나 동굴 바닥에 더 약한 암석이 있을 때 이 암석이 파이면서 생긴다.

석순
석순은 바닥에서 솟아오르는 게 아니라 종유석 끝에서 떨어지는 물방울 때문에 만들어진다.

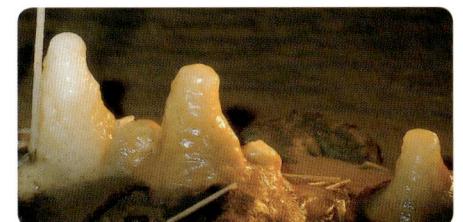

석회암 지대 지하에 형성된 동굴

어떻게 이런 굉장한 동굴이 생겼지?

그건 다음 장에서 알려 주지.

동굴산호
팝콘처럼 생긴 동굴산호, 꽃처럼 생긴 동굴석화, 진주 모양의 동굴진주 등 다양한 동굴 생성물을 볼 수 있다.

새로운 동굴의 발견은 탐험으로 이루어진다

우리나라에는 600개가 넘는 석회동굴이 있다. 새로운 동굴은 동굴 탐험으로 발견된다. 2000년 발견된 대금굴의 경우, 탐사대의 3년에 걸친 탐사 끝에 그 웅장한 모습을 드러냈다고 한다.
동굴 탐험은 케이빙이라고 하며, 전 세계에서 이루어지고 있다.

새로 발견된 동굴을 조사하고 있다.

석회암이 비와 지하수에 녹아서 석회동굴이 만들어져요

> 지형이 바뀌는 건 아득할 정도로 긴 세월이 걸려요!

땅 위에서 생긴 일
카르스트 지형은 석회암으로 되어 있어요

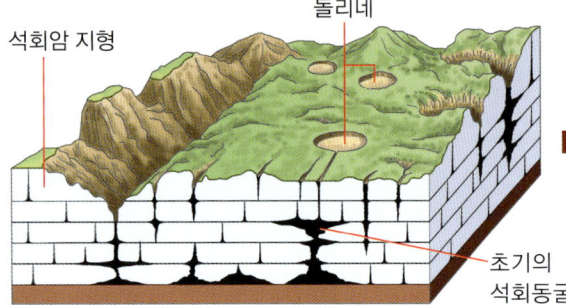

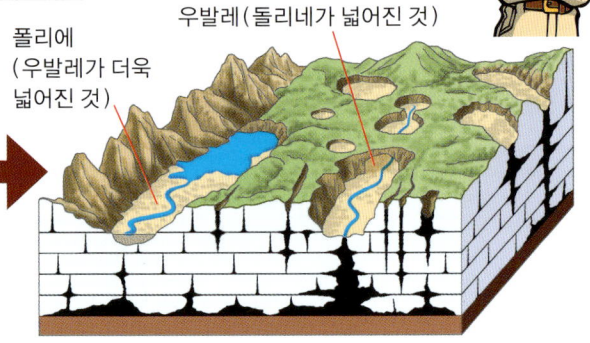

대지가 녹는다
지하에 석회동굴이 있는 카르스트 지형은 비가 스며들면 석회암이 녹아 깔때기나 절구 모양으로 오목하게 파인다. 이를 돌리네라고 하며, 울퉁불퉁한 것은 카르스트 지형의 특징이다.

돌리네가 점점 커진다
오랜 시간에 걸쳐 돌리네끼리 이어져 우발레가 되거나 몇 킬로미터나 되는 분지처럼 큰 폴리에로 자라게 된다.

땅 속에서 생긴 일
동굴은 이렇게 만들어져요

석회암이 녹는 것은 산성 때문

❶ 빗방울에 공기 중의 이산화탄소가 녹는다.
❷ 빗물은 땅속의 이산화탄소를 흡수하여 더 강한 산성을 띤 지하수가 된다.
❸ 지하수는 오랜 세월 동안 석회암의 주성분인 탄산칼슘을 녹인다.

지하에 강이 생긴다
석회암이 녹으면서 카르스트 대지에 움푹 팬 곳이 생기고 물이 지하로 스며든다. 땅속에서도 물은 계속 석회암을 녹여 결국 지하 강을 만든다.

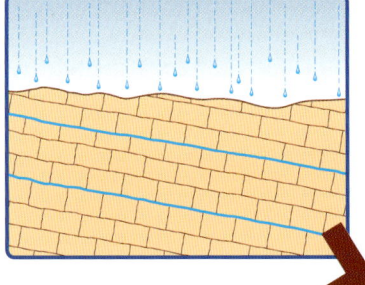

굴이 점점 넓어진다
강물은 좀 더 아래 지층의 석회암을 녹이면서 스며든다. 아래 지층에 굴이 생기면 위쪽 지층의 강물이 아래로 흘러가므로 동굴이 된다. 이번에는 아래 지층에 강이 생긴다.

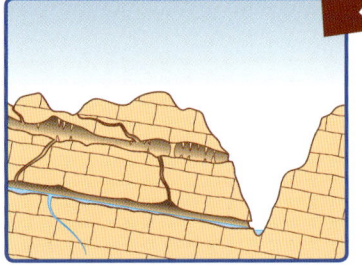

여러 개의 동굴이 생긴다
석회암 지층은 아래에도 많이 있으므로 동굴이 생기는 과정이 반복되어 다층 동굴이 생기기도 한다.

좀 더 자세히 살펴보면
종유석과 석순은 이렇게 만들어져요

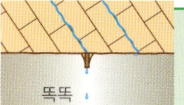
물이 아래 지층으로 다 흘러가도 위쪽 지층의 동굴에는 물이 스며든다. 탄산칼슘이 녹아 있는 물이 천장에서 계속 떨어진다.

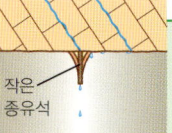
물에 녹은 탄산칼슘이 결정이 되어 굳고, 작은 종유석이 생긴다. 종유석은 시간이 지나 조금씩 커지고 길어진다.

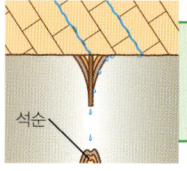
지면에 떨어진 물은 증발하고 탄산칼슘이 결정이 되어 자란다. 죽순을 닮은 석순이 생긴다.

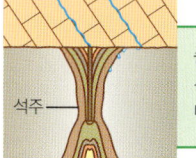
종유석과 석순이 이어지면 석주가 된다. 석주가 되기까지는 경우에 따라 보통 수만 년에서 수십만 년이 걸린다.

좀 더 크게 살펴보면
원래는 바다 밑이었어요

석회암은 바다 생물이 죽어서 바닥에 쌓여 오랜 세월 동안 암석으로 변한 거예요. 지각 변동으로 바다 속에서 솟아올랐어요. 그렇기 때문에 바다에 살았던 생물의 화석이 많이 발견되지요.

2억 5천만 년 이상 전에 멸종한 푸줄리나 화석

산호 화석

표면이 이끼와 닮은 이끼벌레 화석

화석을 통해 바다 밑이었음을 알 수 있어요.

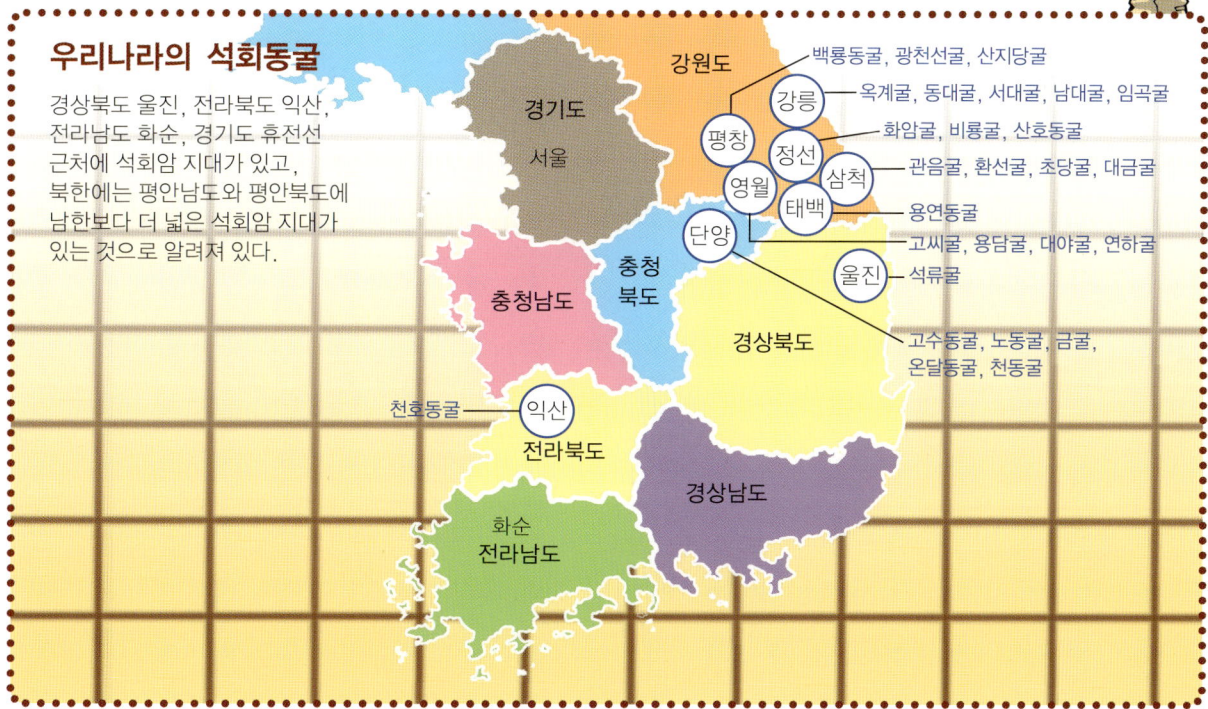

우리나라의 석회동굴

경상북도 울진, 전라북도 익산, 전라남도 화순, 경기도 휴전선 근처에 석회암 지대가 있고, 북한에는 평안남도와 평안북도에 남한보다 더 넓은 석회암 지대가 있는 것으로 알려져 있다.

강원도
- 강릉: 백룡동굴, 광천선굴, 산지당굴
- 평창: 옥계굴, 동대굴, 서대굴, 남대굴, 임곡굴
- 정선: 화암굴, 비룡굴, 산호동굴
- 영월/삼척: 관음굴, 환선굴, 초당굴, 대금굴
- 태백: 용연동굴
- 단양: 고씨굴, 용담굴, 대야굴, 연하굴
- 울진: 석류굴

경상북도: 고수동굴, 노동굴, 금굴, 온달굴, 천동굴

전라북도 익산: 천호동굴

화순 전라남도

14 인류는 언제 등장했을까?

인류의 탄생과 진화의 역사

최초의 인류는 약 400만 년 전 아프리카에서 생겨났어요

최초의 인류, 오스트랄로피테쿠스

오스트랄로피테쿠스의 뇌 크기는 현생 인류의 3분의 1정도밖에 되지 않았어요. 두 발로 걷기도 하고 나무를 오르기도 하며 살았지요. 오스트랄로피테쿠스의 화석은 약 400만 년 전 아프리카 대륙에서만 발견되었어요.

미안하지만, 좀 원숭이같이 생겼네.

루시라고 불리는 오스트랄로피테쿠스 아파렌시스

키 : 110~120 센티미터
몸무게 : 20~25 킬로그램
발견지 : 동아프리카

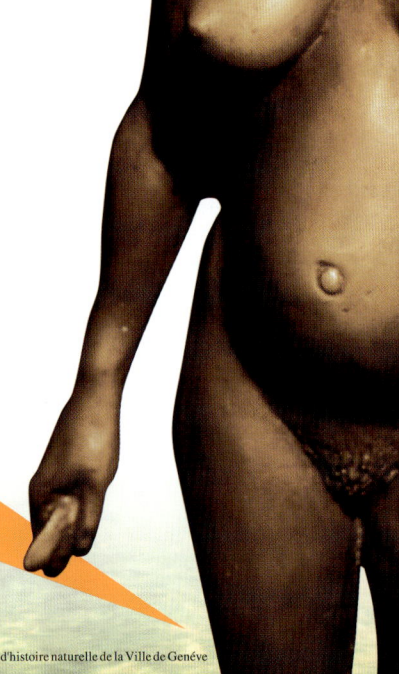

오스트랄로피테쿠스 아파렌시스의 복원상

최초 인류는 직립 보행을 했어요

허리뼈(골반)나 넓적다리뼈 연구를 통해 최초 인류가 두 다리로 서서 걸었다는 사실을 알게 됐어요. 허리를 구부리고 무릎을 굽힌 자세로 걸었다고도 해요.

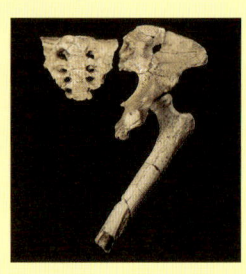

루시의 허리뼈와 넓적다리뼈

다리뼈 각도의 차이

직립 보행을 하려면 넓적다리뼈와 무릎뼈의 각도가 중요해요. 침팬지 등의 유인원처럼 두 뼈가 일직선이면 균형을 잘 잡지 못해 비틀비틀 걷게 돼요.

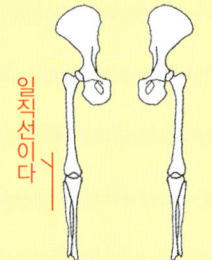

침팬지의 다리 (일직선이다)

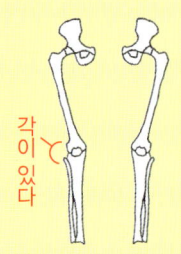

오스트랄로피테쿠스 아파렌시스의 다리 (각이 있다)

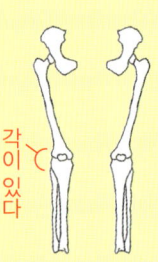

호모 사피엔스 (현생 인류)의 다리 (각이 있다)

® Photo Muséum d'histoire naturelle de la Ville de Genève

진화하면서 뇌가 커졌어요

뇌가 커지면서 머리뼈 모양도 변했어요. 오스트랄로피테쿠스의 경우 뇌의 크기가 약 400~500 밀리리터였던 것에 비해 호모 사피엔스는 세 배 이상이 커졌어요. 머리뼈 모양도 둥그스름해졌지요.

뇌의 크기가 3배로

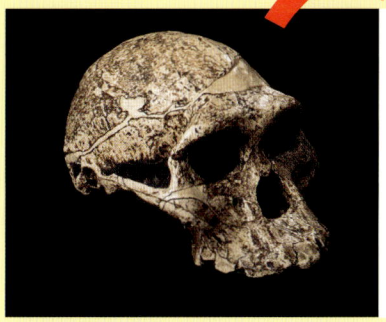
오스트랄로피테쿠스 아프리카누스의 머리뼈 화석. 뇌는 작고 이가 단단해서 원숭이와 비슷하다.

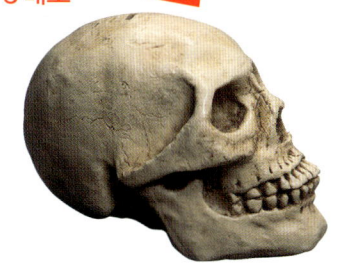
호모 사피엔스의 머리뼈. 뇌가 커지면서 둥그스름한 모양으로 바뀌었다.

이는 작아졌어요

유인원인 침팬지의 송곳니는 크고, 현생 인류의 송곳니는 그렇게 크지 않아요. 오스트랄로피테쿠스는 그 중간 크기예요.

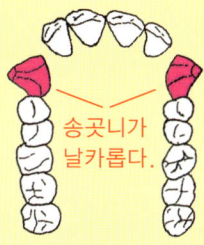
송곳니가 날카롭다.
침팬지의 위턱

송곳니가 침팬지보다 작다.
오스트랄로피테쿠스 아파렌시스의 위턱

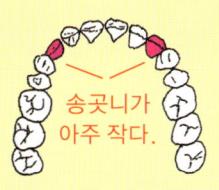
송곳니가 아주 작다.
호모 사피엔스의 위턱

> 인류와 유인원의 조상은 같아.

루시는 약 30년 전에 발견되었다

1974년 미국의 고생물학자 도널드 요한슨은 약 380만 년 전의 오스트랄로피테쿠스 아파렌시스 화석을 발견했다. 한 사람의 뼈가 40퍼센트나 한꺼번에 발견된 일은 드물었으므로, 이전에 알지 못했던 여러 가지 사실이 밝혀졌다.

루시의 뼈 화석

루시가 발견된 장소
동아프리카에서 많은 오스트랄로피테쿠스 화석이 발견되고 있다.

인류의 탄생과 진화의 역사

많은 종류의 인류가 태어났다가 사라졌어요

인류의 조상은 다양했어요

인류는 오스트랄로피테쿠스에서 진화해 왔다고 여겨지지만, 진화의 과정은 하나가 아니에요. 때로 다른 종류로 진화하거나 일부는 사라지기도 했어요. 현재의 인류는 몇 번씩 반복해서 진화하고 없어진 가운데 살아남은 거지요.

호모 하빌리스가 처음 석기를 만들었다고 추정해.

약 400만 년 전

오스트랄로피테쿠스 아파렌시스(아파르 원인)

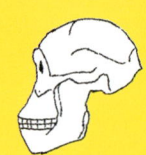

키는 110~150센티미터. 아파르 지방의 남쪽 원숭이라는 뜻.

뇌 크기 : 약 400~500밀리리터

약 250만 년 전

호모 하빌리스

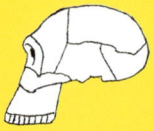

키는 130센티미터. 재주가 있는 사람이라는 뜻.

뇌 크기 : 약 700~800밀리리터

이런 조상이 살아남았다면 우리도 뿔이 있었을까?

피부색이나 털이 있었는지는 화석으로 알 수 없어.

뿔이 난 인류?

파란트로푸스 보이세이의 머리뼈에는 뿔처럼 툭 튀어나온 부분이 있다. 하지만 이것은 뿔이 아니라 머리 뒤쪽까지 이어진 시상릉으로, 고릴라처럼 크고 단단한 턱을 움직이기 위해 강한 근육이 붙어 있던 부분이다.

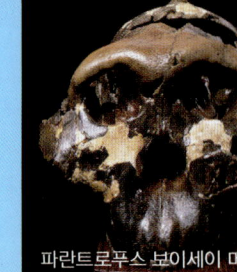

파란트로푸스 보이세이 머리뼈

약 150만 년 전

호모 에렉투스(원인)

키는 약 165 센티미터. 똑바로 서 있는 사람이라는 뜻.

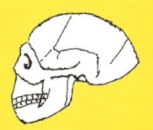

뇌 크기 : 약 900 ~1,000 밀리리터

약 20만 년 전

호모 사피엔스(현생 인류)

키는 약 165 센티미터. 지혜가 있는 사람이라는 뜻.

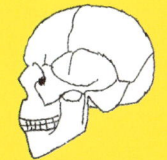

뇌 크기 : 약 1,500 밀리리터

현대로

약 30만 년 전

호모네안데르탈렌시스 (네안데르탈인)

키는 약 165 센티미터. 네안데르 계곡에 사는 사람이라는 뜻.

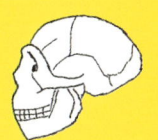

뇌 크기 : 약 1,400 ~1,600 밀리리터

호모 사피엔스가 살아온 길

대서양 · 태평양 · 대서양 · 인도양
이 근처에서 분산되었다

호모 사피엔스는 해안을 따라 전 세계로 퍼져 나갔다. 동아프리카에서 인도, 아메리카 대륙까지 가는 데 18만 년 이상 걸렸다.

네안데르탈인은 정말 멸종했을까?

2만 9천 년 이후의 네안데르탈인 화석은 발견되지 않았다. 네안데르탈인이 살았던 동굴을 발굴해 보면 이후에 같은 장소에서 호모 사피엔스가 살았던 사실을 알 수 있다. 어쩌면 호모 사피엔스에게 멸망당했는지도 모른다.

네안데르탈인은 장례를 치르는 문화를 갖고 있었다.

인류의 탄생과 진화의 역사

처음으로 그림을 그린
크로마뇽인

4만 년 정도 전에 유럽으로 건너온 호모 사피엔스의 일종인 크로마뇽인은 현대 유럽인의 조상으로 알려져 있다. 돌이나 동물의 뼈로 도구를 만들어 프랑스나 스페인 등의 동굴에 벽화를 남겼다.

동굴 벽화를 그리는 크로마뇽인(모형 사진)

15 스핑크스는 왜 만들었나?

스핑크스의 수수께끼

스핑크스는 아직도 의문투성이!

이집트 기자의 피라미드는 지금부터 약 4600년 전에 만들어졌다고 알려져 있어요. 피라미드 옆에 있는 스핑크스는 오랫동안 피라미드를 지키는 신으로 같은 시대에 만들어진 것으로 생각해 왔어요. 하지만 조사할수록 속속 다른 사실이 밝혀지고 있어요.

스핑크스는 피라미드보다 오래된 거야?

피라미드보다 훨씬 오래전에 만들어졌다?

기자는 피라미드가 만들어진 시대부터 비가 적게 오는 땅이었다. 그러나 스핑크스 주변 절벽에는 빗물이 많이 흘러 생긴 침식의 흔적이 남아 있다. 이 때문에 스핑크스는 비가 많이 오던 그전 시대에 만들어진 것으로 추정된다.

기자의 스핑크스는 높이 약 20미터, 전체 길이 약 75미터로, 고대 이집트에서 만들어진 스핑크스 중에서 가장 크다. 그 뒤로 오른쪽이 쿠푸, 왼쪽이 카프레 왕의 피라미드다.

 땅을 파서 만들었어요

스핑크스 몸은 땅을 파서 만들었어요. 바람으로 인해 침식된 바위산을 이용해 만들었다는 주장도 있어요. 오랜 역사 속에서 몇 번이나 수리되었기 때문에 정확한 연대를 측정하기는 어려워요.

❶ 계곡이 있는 자연 지형
바람

❷ 풍화로 바위산이 되었다.
바람

❸ 바위산으로 몸을 만들고 머리를 얹었다.

 모래에 묻혀 있었어요

스핑크스는 수천 년의 역사를 가지고 있지만 대부분 땅속에 묻혀 있었어요. 땅에서 파내도 금방 다시 묻혀 버려서 항상 머리만 모래 위에 나와 있었지요. 몸체가 드러난 것은 20세기 들어서부터예요.

약 200년 전, 이집트 원정에 나선 나폴레옹 군대의 화가가 그린 그림

"그래서 피라미드의 수호신이 아니라고 생각하게 되었어."

스핑크스가 만들어진 시대는 비가 많이 내렸다?

지구의 기후는 수천, 수만 년에 걸쳐 변해 왔다. 스핑크스가 있는 지역도 7천~1만 년쯤 전에는 따뜻하고 비가 많이 내렸다. 만약 스핑크스가 피라미드보다 훨씬 이전에 만들어졌다면, 당시에는 이 그림처럼 비가 많이 오고 수풀이 우거져 있었을지도 모른다.

스핑크스의 얼굴은 누구?

카프레 왕의 상

스핑크스는 사자 몸에 사람의 머리를 하고 있어요. 머리는 카프레 왕이라고도 하지만 이것은 스핑크스 뒤에 있는 피라미드가 카프레 왕의 것이기 때문이에요. 하지만 아직 그 증거는 찾을 수 없어요.

스핑크스의 위치가 달라요

피라미드 주변은 정확히 동서남북에 따라 만들어져 있어요. 스핑크스도 태양이 뜨는 동쪽을 향하고 있지요. 피라미드의 수호신이라면 피라미드의 동쪽 정면에 있어야 하지만 실제로는 남쪽으로 조금 비켜 있어요. 그래서 스핑크스가 피라미드의 수호신이 아니라는 주장이 나오고 있어요.

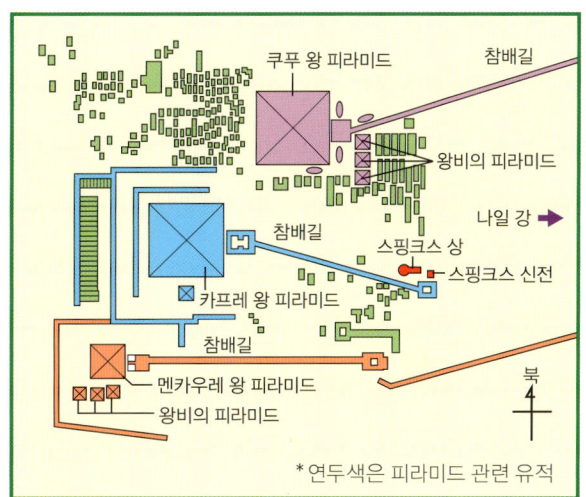

*연두색은 피라미드 관련 유적

"스핑크스가 꼭 사자 몸에 사람의 얼굴을 한 건 아니에요."

여러 가지 스핑크스

스핑크스는 기자에 있는 것이 가장 크고 유명하지만 다른 곳에도 많다. 이집트 룩소르에 있는 카르나크 신전의 스핑크스는 양 머리를 하고 있다.

스핑크스의 수수께끼

이집트 문명이 시작된 곳 나일 강

오랫동안 인류는 동물을 사냥하거나 과일을 따 먹으며 살아 왔어요. 문명이 생긴 것은 보리나 쌀 같은 작물을 재배하는 농경이 시작되면서부터예요. 그래서 대부분 커다란 강 유역에서 꽃을 피웠지요. 이집트 문명도 나일 강 유역에서 발달했어요.

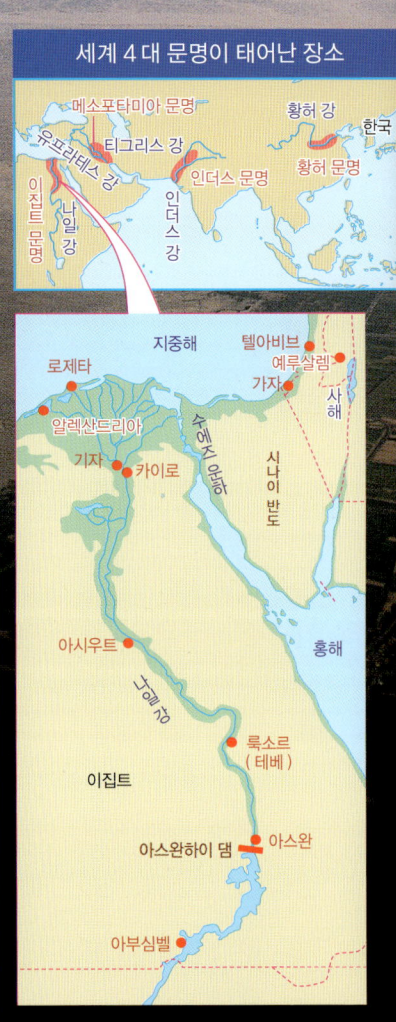

세계 4대 문명이 태어난 장소

나일 강의 역할

기원전 3000년경 나일 강 주변에 문명이 생겨났어요. 당시 나일 강은 매년 여름 상류에서 눈 녹은 물이 흘러내려서 홍수가 났어요. 하지만 영양분이 풍부한 흙이 실려 왔기 때문에 물이 빠지고 나면 사람들은 그곳에 곡식을 재배했어요. 나일 강 중상류 지역은 건조한 기후였지만, 강물이 마르는 일이 없었기 때문에 농사를 지을 수 있었어요.

이집트는 나일 강의 선물이라는 말이 있지요.

홍수를 막기 위해

홍수가 일어나는 시기와 규모를 정확하게 예측하기 위해 각 지역에서 나일 강물의 높이를 관측했어요. 나일 강 중류인 아스완의 엘레판틴 섬에는 물가 바위에 눈금을 새긴 나일로미터라는 수위계가 아직도 남아 있어요.

이집트의 역사

스핑크스가 만들어졌다?	메네스 왕이 국가를 통일하고 이집트 문명이 시작되었다.	카프레 왕과 쿠푸 왕의 피라미드가 만들어졌다.	투탕카멘 왕
		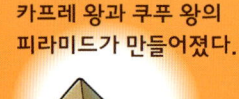	
기원전 5000년	기원전 3000년	기원전 2000년	기원전 1000년

고대 이집트에서 사용되던 것 중에 지금도 사용되고 있는 것이 많아요.

상공에서 본 나일 강(검은 부분). 강 주변에 색이 짙은 부분이 밭이고, 밝은 부분이 사막이다.

물을 길어 올리는 장치

샤두프는 강물을 퍼서 밭에 주기 위한 기구로, 지레의 원리를 이용했어요. 만들기도 쉬워 오늘날까지 사용되고 있지요.

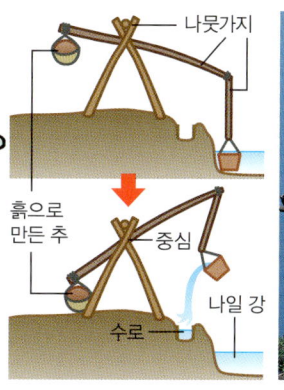

옛날의 농경 모습

나일 강 중류, 룩소르의 귀족 무덤 벽화를 보면 당시의 농경 문화를 알 수 있어요. 벽화에는 보리를 베는 모습이나 밭을 가는 모습이 그려져 있어요.

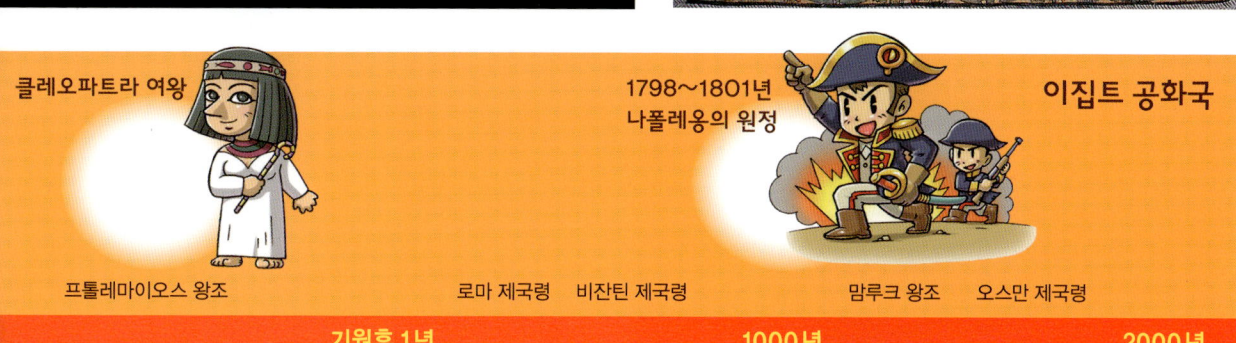

스핑크스의 수수께끼

16 스톤헨지는 누가 만든 걸까?

세계의 신비한 유적들

스톤헨지는 오래전 천문대였다?

공중에 걸쳐 있는 돌이라는 뜻의 스톤헨지는 약 4000년 전에 만들어졌어요. 지금의 스페인에 해당하는 곳에서 옮겨 온 이베리아 인들이 천체 관측을 위해 세웠다고 하지만 자세한 것은 알려져 있지 않아요.

스톤헨지 돌은 엄청나게 크다

스톤헨지에는 높이 5~7미터, 무게가 7톤이 넘는 거석이 사용되었다. 이 돌들은 몇 킬로미터 떨어진 곳에서부터 운반된 것인데 어떻게 옮겨 왔는지는 아직도 수수께끼이다.

제단

삼석탑

스톤헨지가 있는 곳

영국 런던에서 서쪽으로 130킬로미터 정도 떨어진 곳에 위치한 솔즈베리 교외 초원에 세워져 있다.

스톤헨지

런던

영국

유럽 대륙

스톤헨지 중심 원의 지름은 약 30미터예요.

하지에 해가 뜰 때 스톤헨지의 중앙에서 힐스톤을 본 그림. 정확히 정면에서 해가 뜨도록 되어 있다.

힐스톤

굉장히 만들기 힘들었겠다.

스로터석

사센석의 원

하지에는 힐스톤 쪽에서 해가 뜬다

하지의 일출

스톤헨지는 하지와 동지, 춘추분에 태양이나 달이 떠서 지는 방향을 나타낸다. 또한 스톤헨지에는 돌이 뽑힌 구멍이 있는데, 이를 사용해 일식이나 월식이 일어나는 때를 계산했다는 설도 있다.

종교 의식도 행해졌다

약 2000년 전 그곳에 살던 켈트 인들이 믿었던 종교인 드루이드교의 의식 장소로 사용되었다. 오늘날에도 하짓날에 모여서 의식을 행한다.

남쪽 언덕

세계의 신비한 유적들

전 세계의 신비로운 유적들!

무엇을 위해 만든 것인지 확실히 알 수 없는 유적들이 세계 곳곳에 많이 있어요.
옛날 사람들이 어떻게 살았고 어떤 생각을 했는지 알기 위해 이 유적들을 연구하고 있지요.

① 나스카의 지상 그림 (페루)

남아메리카 페루의 남서부 사막에 있는 그림으로, 직선이나 삼각형 같은 도형부터 동식물에 이르기까지 다양해요. 폭 100미터가 넘는 것도 있어서 비행기를 타고 하늘에서 보지 않으면 어떤 모양인지 알 수 없어요. 2천 년 전쯤 천체 관측이나 별점 등에 사용하기 위해 그린 게 아닌지 추측할 뿐이에요.

거미를 그린 지상 그림

벌새를 그린 지상 그림
벌새가 날아가는 모습이 그려져 있다.

② 아부심벨 신전 (이집트)

북아프리카 이집트 남부, 나일 강가의 바위를 깎아 만든 신전이에요. 약 350년 전 고대 이집트 왕 람세스 2세에 의해 세워졌지요. 신전의 동쪽 정면에는 높이가 20미터인 람세스 2세 상 4개가 있어요. 나일 강 아스완 댐 건설로 물에 잠기게 되자 높은 장소로 옮겨졌어요.

동쪽을 향해 세워져 있습니다.

③ 테오티우아칸 유적 (멕시코)

중앙아메리카 멕시코의 원주민이 세운 거대한 도시 유적. 기원전 2세기경부터 기원후 6세기에 걸쳐 번영한 도시예요. 폭 약 40미터, 길이 약 5킬로미터의 죽은 자의 거리를 중심으로 태양의 피라미드와 달의 피라미드 등의 석조 건축물들이 늘어서 있어요.

태양의 피라미드 높이 65미터, 바닥넓이 225×225미터

달의 피라미드 높이 46미터, 바닥넓이 150×120미터

! 이 신비한 유적들의 위치는?

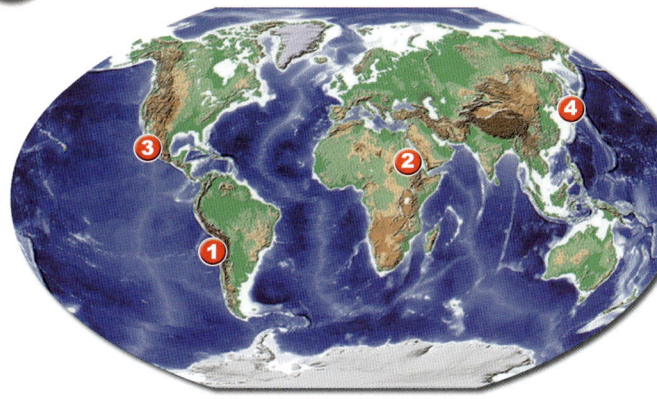

세계 곳곳에 있네!

다 가 보고 싶어.

④ 우리나라의 고인돌

우리나라는 한반도 전체에 걸쳐 고인돌이 퍼져 있다. 특히 고창 고인돌 군락지는 고인돌의 변천사를 볼 수 있고 한반도에서도 가장 큰 고인돌이 존재하여 세계 문화 유산으로도 등록되었다.

세계의 신비한 유적들

17 쓰레기는 어디로 갈까?

분리수거와 재활용

종류별로 가는 곳이 달라요

타는 쓰레기는 태워서 파묻어요

나무, 종이, 천 등의 쓰레기는 태워서 땅에 묻어요. 쓰레기를 태우는 소각장에 모인 쓰레기는 소각로에서 태우고 그 재는 높은 온도로 가열 처리해서 단단하게 뭉쳐요. 이를 슬러그라고 해요. 태울 때 나는 열로 지역 난방도 하고 전기도 만들어요.

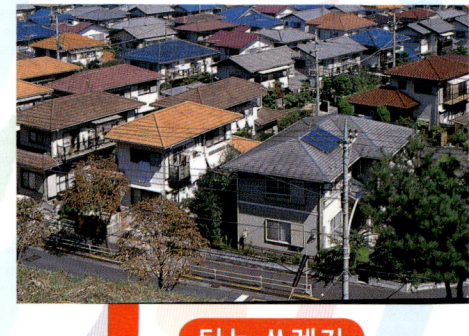

타지 않는 쓰레기

타는 쓰레기

그래서 분류하지 않으면 안 되는구나.

소각장

태우는 쓰레기에 플라스틱이 섞여 있으면 온도가 너무 올라가서 화로에 이상이 생긴다. 가스가 남아 있는 스프레이 통 등은 열을 가하면 폭발 위험이 있다.

쓰레기 벙커
쓰레기가 모인다.

굴뚝
깨끗해진 공기를 내보낸다.

터빈 발전기
소각할 때 나는 열로 전기를 만든다.

슬러그로 도로를 포장하는 블록을 만들기도 해요.

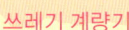
쓰레기 계량기

재벙커

소각로

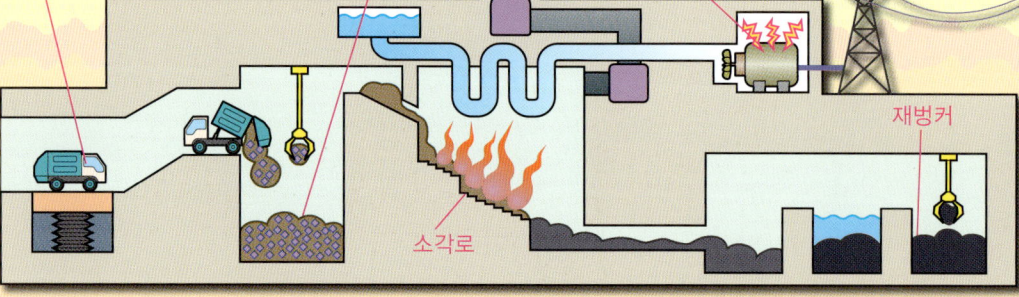

나무가 타기 시작하는 온도는 약 섭씨 400도인데 쓰레기를 태울 때의 온도는 섭씨 850~1,000도나 된다.

파쇄 처리 시설
잘게 부순 뒤 자석을 이용해 철을 빼낸다.

타지 않는 쓰레기는 부수어서 묻어요

도자기, 금속 등의 타지 않는 쓰레기는 잘게 부수어 파묻어요. 그때 철이나 알루미늄 등은 빼내어 재사용해요.

매립지가 이렇게 되어 있었구나!

매립 처분장을 위에서 내려다본 사진

매립지의 단면도

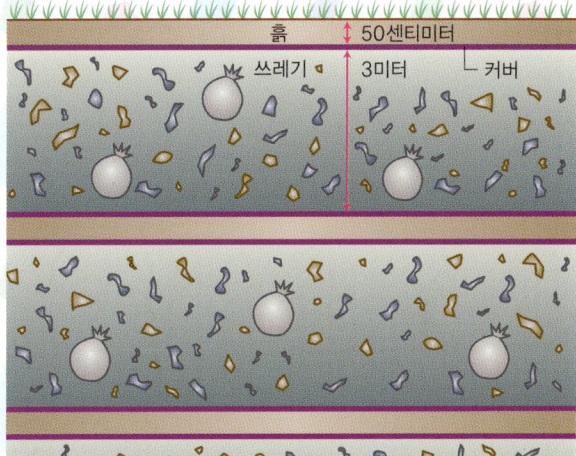
흙 50센티미터
쓰레기 3미터 커버

매립지는 이처럼 흙과 쓰레기가 켜켜이 쌓여 있다.

쓰레기 위에 흙을 덮어 파묻는다.

분리수거 기준이 다르다?
지역마다 음식물이나 쓰레기의 분리수거 기준이 조금씩 다를 수 있다.

이사 가면 분류 방법을 확인하세요.

쓰레기 매립지가 공원으로?
2차 오염이 생기지 않도록 기능성 흙으로 켜켜이 쌓고 식물이 자랄 수 있는 양질의 흙으로 마무리하여 쓰레기장이 아닌 공원으로 만들 수 있다. 또한 쓰레기에서 발생하는 메탄 가스를 안전하게 모아 난방용 연료로도 사용한다.

분리수거와 재활용

쓰레기도 자원이 될 수 있어요

다 쓰고 버리는 것 중에는 다른 것을 만드는 재료로 사용할 수 있는 것이 많아요.
그런 것을 모아 자원으로 이용하는 것을 재활용이라고 해요.

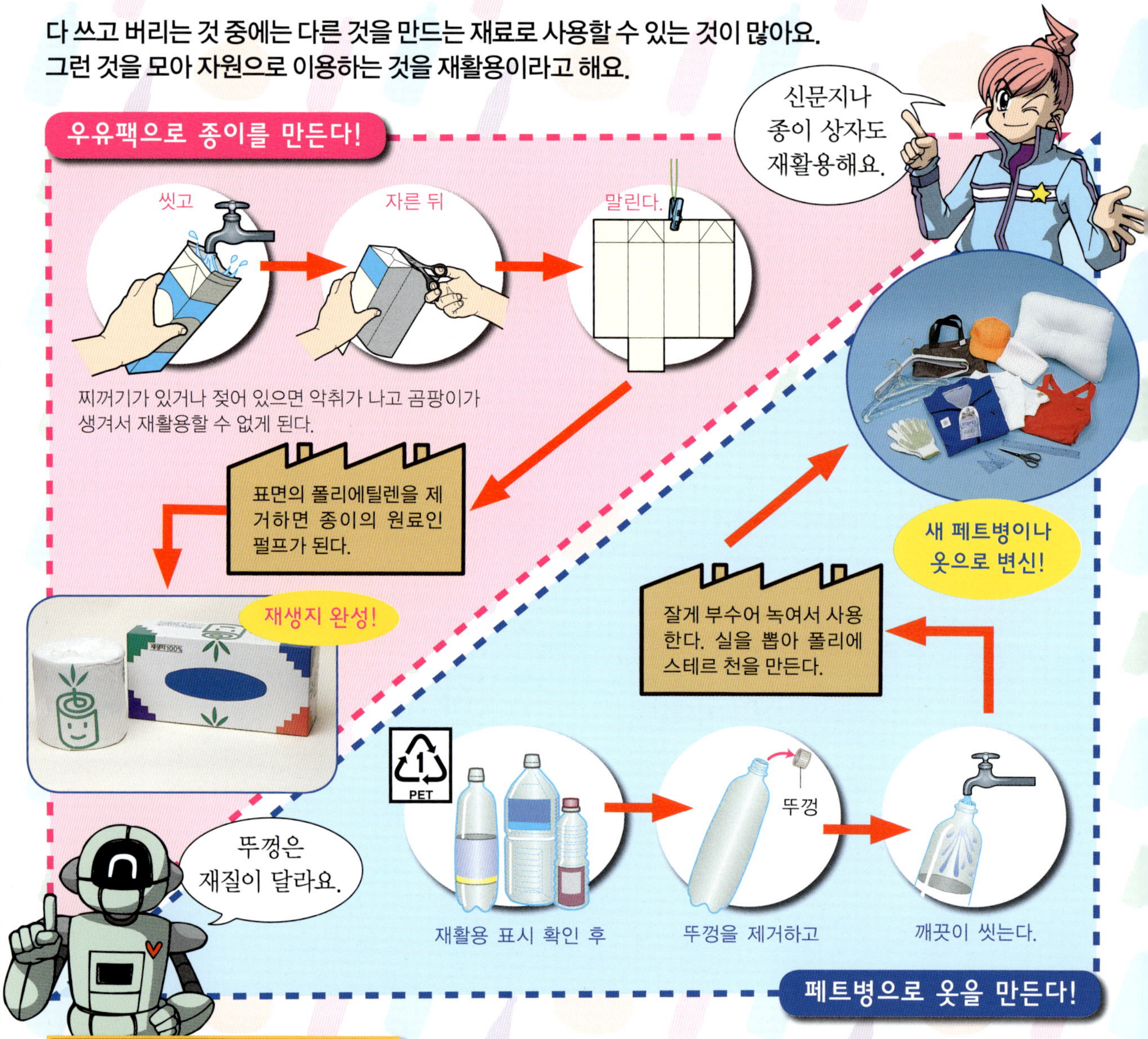

신문지나 종이 상자도 재활용해요.

우유팩으로 종이를 만든다!

씻고 → 자른 뒤 → 말린다.

찌꺼기가 있거나 젖어 있으면 악취가 나고 곰팡이가 생겨서 재활용할 수 없게 된다.

표면의 폴리에틸렌을 제거하면 종이의 원료인 펄프가 된다.

재생지 완성!

새 페트병이나 옷으로 변신!

잘게 부수어 녹여서 사용한다. 실을 뽑아 폴리에스테르 천을 만든다.

뚜껑은 재질이 달라요.

PET
재활용 표시 확인 후 → 뚜껑을 제거하고 → 깨끗이 씻는다.

페트병으로 옷을 만든다!

이런 것도 재활용돼요

유리, 캔, 플라스틱, 스티로폼 등도 녹여서 새것을 만들어요.

캔

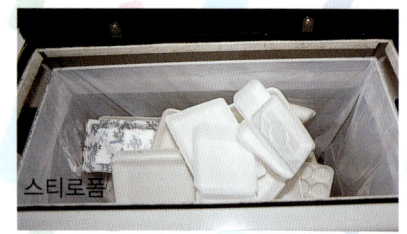
스티로폼

재활용하기 전에 재사용해요

페트병이나 캔을 녹여서 다시 만들기 위해서는 석유 등의 연료를 사용해서 가열하지 않으면 안 되기 때문에 환경에 나쁜 영향을 주어요. 그래서 다시 만들기 전에 같은 것을 몇 번이고 재사용하는 것이 좋아요.

음식물 쓰레기도 퇴비로 이용한다.
퇴비 용기 속의 지렁이나 미생물이 음식물 쓰레기를 퇴비로 만든다. 이런 방법이 환경을 살리는 길이다.

이면지를 사용하는 복사기

큰 문제가 되고 있는 우주 쓰레기

지구 주위에는 로켓이나 인공위성의 파편 등 많은 쓰레기가 있다. 이것을 우주 쓰레기라고 하며, 알려져 있는 것만도 9,000개 정도라고 한다. 우주 쓰레기는 매우 빠른 속도로 지구 주위를 돌기 때문에 우주왕복선이나 인공위성과 부딪치면 매우 위험하다. 이것들을 지구로 떨어뜨리는 방법을 연구하고 있다.

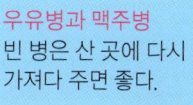

이 페트병도 다시 쓸 수 있는 방법이 많아요.

우주 쓰레기의 분포(상상도)

우주 쓰레기에 부딪치면 큰일이겠다!

우유병과 맥주병
빈 병은 산 곳에 다시 가져다 주면 좋다.

분리 수거와 재활용

옛날에는 버리는 게 없었다!

옛날에는 지금 같은 하수도 설비가 없었다. 도시 사람들의 대소변은 농촌 사람들이 거름으로 사용하기 위해서 사 갔고, 그것으로 기른 채소를 도시에 팔았다. 그 외에도 입을 수 없는 옷은 기저귀나 걸레로 만들고, 그러다가 나중에는 땔감으로 쓸 정도로 마지막까지 재사용과 재활용을 거듭했다.

도시에 있는 집에서는 대소변을 변소에 모아 둔다.

밭에서 자란 채소를 도시 사람들이 먹는다.

대소변을 운반하는 통

대소변을 거름으로 밭에 뿌린다.

쓰레기 분리 수거의 중요성을 좀 알았지?

앞으로는 내가 직접 할게.

이제 이 스타호 안의 쓰레기도 분리할게!

괜찮을까?

룰루랄라♪

다음 날

아침이에요!

마리, 이렇게 이른 아침부터 뭘 하고 있어?

응...

먹다 만 도넛은 쓰레기야? 아니면 재사용할까?

분류를 시작하니까 멈출 수가 없어.

후유~

아직 먹을 수 있으니까 마저 먹어.

그러면 되겠네! 오호호♥

책속부록1

마술 같은 과학
플러스 실험실 1

 ## 세 개로 나뉘는 신기한 신문지

두 군데를 미리 잘라 놓은 신문지의 양 끝을 잡고 세 개로 나누어 보세요.

아무리 해도 두 개로밖에 나누어지지 않아요.

자, 이렇게 하는 거야!

왜 그럴까?

비밀은 다음 장에…

109

플러스 실험실

친구들을 깜짝 놀라게 해요!

준비물

신문지

가위

1 2센티미터 정도 남긴다.

잘라 둔다.

신문지 한 장을 넓게 펼쳐서 위의 그림처럼 자른다.

2

친구에게 신문지 양쪽을 잡고 세 개로 나누어 보라고 한다.

3

이번에는 내가 직접 신문지 양 끝을 잡고 힘차게 내려치면서 잡아당긴다.

4

신문지가 세 개로 나뉜다.
★ 잘 할 수 있을 때까지 연습이 필요하다.

세 개로 나뉘는 신기한 신문지

과학의 원리를 찾아라

공기의 저항과 관성이 열쇠!

가운데 부분은 그대로 멈춰 있으려고 한다.

양쪽을 같은 힘으로 당겨도 자꾸 한 쪽으로만 힘이 치우치기 때문에 보통은 신문지를 세 개로 나눌 수 없다.

공기의 저항   공기   공기의 저항

신문지를 힘차게 떨어뜨리면 가운데 부분은 그대로 멈춰 있으려는 관성이 작용하고 공기의 저항을 크게 받는다. 그래서 세 개로 나눌 수가 있다.

110

책속부록1

마술 같은 과학
플러스 실험실 2

 이리저리 흔들리는 플라스틱 공

끈에 매달린 플라스틱 공이 좌우로 왔다 갔다 해요. 이제 바닥에 놓인 판에 가까이 가져가 보세요.

과연 어떻게 될까?

갑자기 요리조리 움직여요!

왜 그럴까?

비밀은 다음 장에…

111

플러스 실험실

친구들을 깜짝 놀라게 해요!

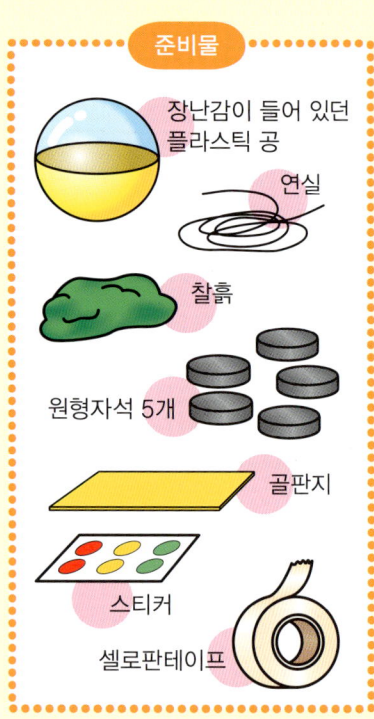

준비물
- 장난감이 들어 있던 플라스틱 공
- 연실
- 찰흙
- 원형자석 5개
- 골판지
- 스티커
- 셀로판테이프

1 스티커를 붙여 표시한다.

붙어 있는 5개의 원형자석을 1개씩 떼어 윗면(같은 극)에 스티커를 붙인다.

2 자석 1개를 스티커가 아래로 가도록 공 안에 넣고 그 위에 찰흙을 뭉쳐 넣는다. 뚜껑에는 테이프로 연실을 붙인다.

3 위에서 본 모습

골판지 아래에 테이프로 자석을 붙인다. 스티커를 붙인 면이 전부 위를 향하도록 한다.

4 플라스틱 공을 흔들면서 골판지에 가까이 대면 불규칙적으로 흔들리기 시작한다.

 ## 이리저리 흔들리는 플라스틱 공

과학의 원리를 찾아라

자석의 성질을 이용한다!

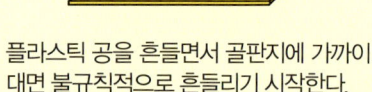

| N극 / S극 — 끌어당긴다 — N극 / S극 |
| S극 / N극 — 밀어 낸다 — N극 / S극 |
| S극 / N극 — 밀어 낸다 — N극 / S극 |

- 자석의 힘은 자석끼리 떨어져 있어도 작용한다.
- 자석과 자석 사이에 물체가 있어도 자석의 힘은 작용한다.

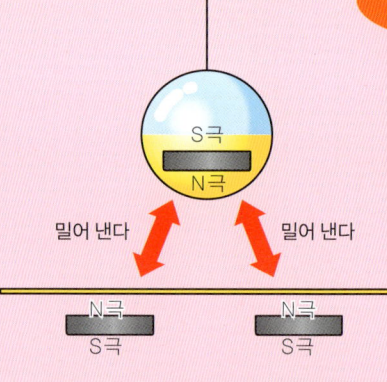

플라스틱 공이 좌우로 흔들리면서 아래의 자석과 가까워지면, 같은 극끼리 마주보므로 밀어 낸다. 왼쪽 자석과 서로 밀어 내서 오른쪽으로 흔들리면, 오른쪽 자석과도 서로 밀어 내므로 이리저리 흔들리게 된다.

책속부록1

마술 같은 과학
플러스 실험실 3

 ## 물이 새지 않는 신기한 그물 국자

그물 국자에 물을 부으면 물은 망을 통과해서 쏟아져요.

물이 들어 있는 컵 위에 그물 국자를 얹어요.

국자를 덮은 채로 재빨리 컵을 뒤집어요.

말도 안 돼!

물이 쏟아지지 않아요!

왜 그럴까?

비밀은 다음 장에…

113

플러스 실험실

친구들을 깜짝 놀라게 해요!

준비물
- 컵
  ● 국자 위에 얹을 정도의 크기
- 그물 국자
  ● 요리에서 건질 때 쓰는 것으로 망이 촘촘한 것
- 세숫대야

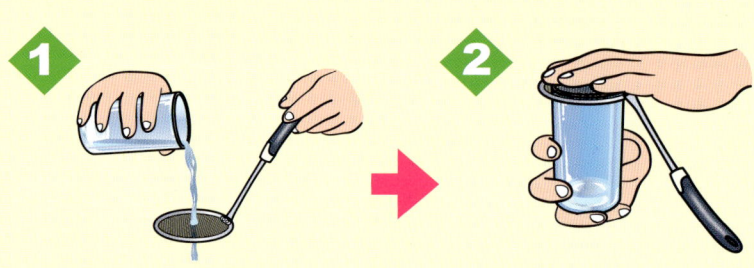

1 그물 국자에 물을 부어 물이 쏟아지는 것을 보여 준다.

2 물을 가득 담은 컵을 그물 국자로 덮어 손바닥으로 꼭 누른다.

3 재빨리 뒤집는다.
★ 물이 조금은 떨어지므로 밑에 세숫대야를 받쳐 둔다.

4 물이 흐르지 않으면 국자 손잡이를 잡고 국자를 받치던 손을 뗀다.

물이 새지 않는 신기한 그물 국자

과학의 원리를 찾아라

물의 표면 장력과 대기압이 이 실험의 열쇠!

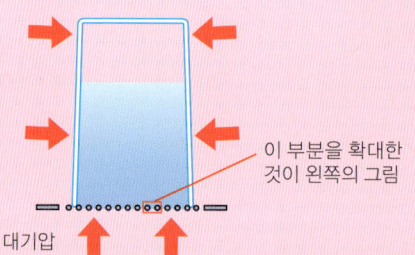

- 물 표면의 분자가 안쪽으로 당겨진다.
- 물 분자 사이에는 잡아 당기는 힘이 존재한다.
- 이 부분을 확대한 것이 왼쪽의 그림
- 대기압

물은 분자라고 하는 아주 작은 알갱이로 이루어져 있다. 물 분자끼리는 서로를 끌어당기는 힘이 작용하고 있어서, 수면의 물 분자도 안쪽으로 끌어당겨진다. 그 때문에 물 표면은 탄력 있는 얇은 막으로 덮인 상태가 된다. 이를 표면 장력이라고 한다.

컵 안에는 물의 표면 장력으로 안쪽에서 물을 당기는 힘이 작용하고 있다. 이 때문에 국자의 구멍은 막으로 막힌 상태가 된다. 더구나 이 막은 대기압이 아래에서부터 밀어 올리는 힘을 받는다. 표면 장력으로 생긴 막과 대기압의 영향으로 물은 쏟아지지 않는다.

책속부록1

마술 같은 과학
플러스 실험실 ④

같은 방향을 가리키는 화살표

색도화지로 바늘을 꽂은 화살표를 만들어요.

이 화살표를 물에 띄우면…

어라, 모두 같은 방향을 향하네!

왜 그럴까?

비밀은 다음 장에…

플러스 실험실

친구들을 깜짝 놀라게 해요!

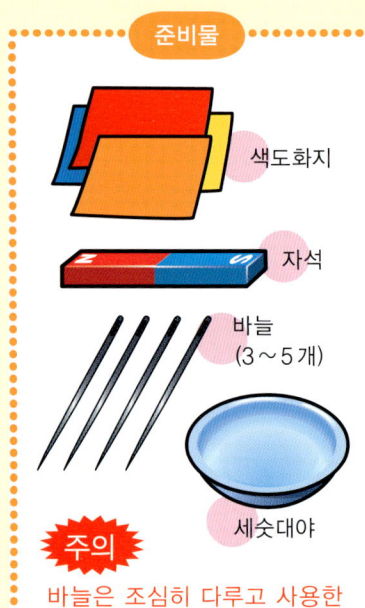

준비물
- 색도화지
- 자석
- 바늘 (3~5개)
- 세숫대야

주의 바늘은 조심히 다루고 사용한 뒤에는 깨끗이 닦아서 제자리에 둔다.

1 화살표를 바늘보다 조금 작게 만든다.
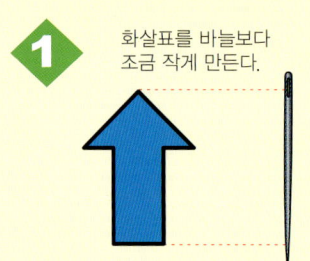
색도화지를 화살표 모양으로 자른다.

2 반드시 같은 방향으로 강하게 3,4번 문지른다. 바늘을 같은 방향으로 둔다.

그림처럼 바늘을 자석으로 같은 방향으로 세게 문지른다.

3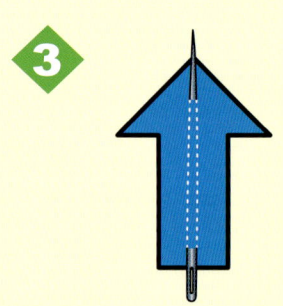
바늘을 화살표에 찔러 넣는다.

4
바늘이 서로 달라붙지 않도록 떨어뜨려 물에 띄우면 화살표는 전부 같은 방향을 가리킨다.

 같은 방향을 가리키는 화살표

과학의 원리를 찾아라

바늘은 자석이 된다!

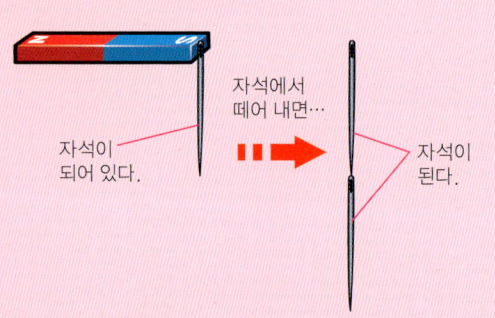

자석이 되어 있다. → 자석에서 떼어 내면… → 자석이 된다.

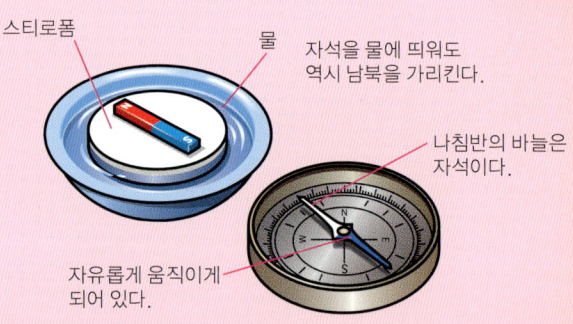

스티로폼 / 물 / 자석을 물에 띄워도 역시 남북을 가리킨다. / 나침반의 바늘은 자석이다. / 자유롭게 움직이게 되어 있다.

- 자석에 붙여 둔 바늘은 자석이 된다.
- 바늘은 강철이라는 금속으로 되어 있다. 강철은 한 번 자석이 되면 잠시 동안 그 성질을 가지고 있다.

- 자석을 자유롭게 움직이게 두면 언제나 같은 쪽을 향한다. 이때 자석의 N극은 북쪽을, S극은 남쪽을 가리킨다.
- 자석의 이런 성질을 이용한 것이 나침반이다.
- 자석이 된 바늘에도 극이 있으므로 모두 남북을 가리킨다.

책속부록1

마술 같은 과학
플러스 실험실 ⑤

무거워지는 신기한 신문지

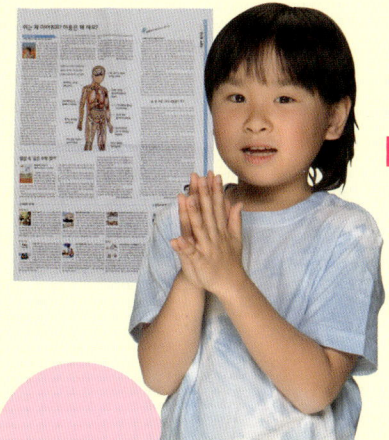 →  →

신문지 1장(4쪽)의 무게는 약 20그램 정도로 아주 가벼워요.

바닥에 펼친 신문지 한가운데 실을 붙여요.

이쯤이야 간단히 들 수 있지….

실을 당겨 신문지를 들어 올려 보세요.

앗, 무거워서 들 수가 없어요!

왜 그럴까?

비밀은 다음 장에…

플러스 실험실

친구들을 깜짝 놀라게 해요!

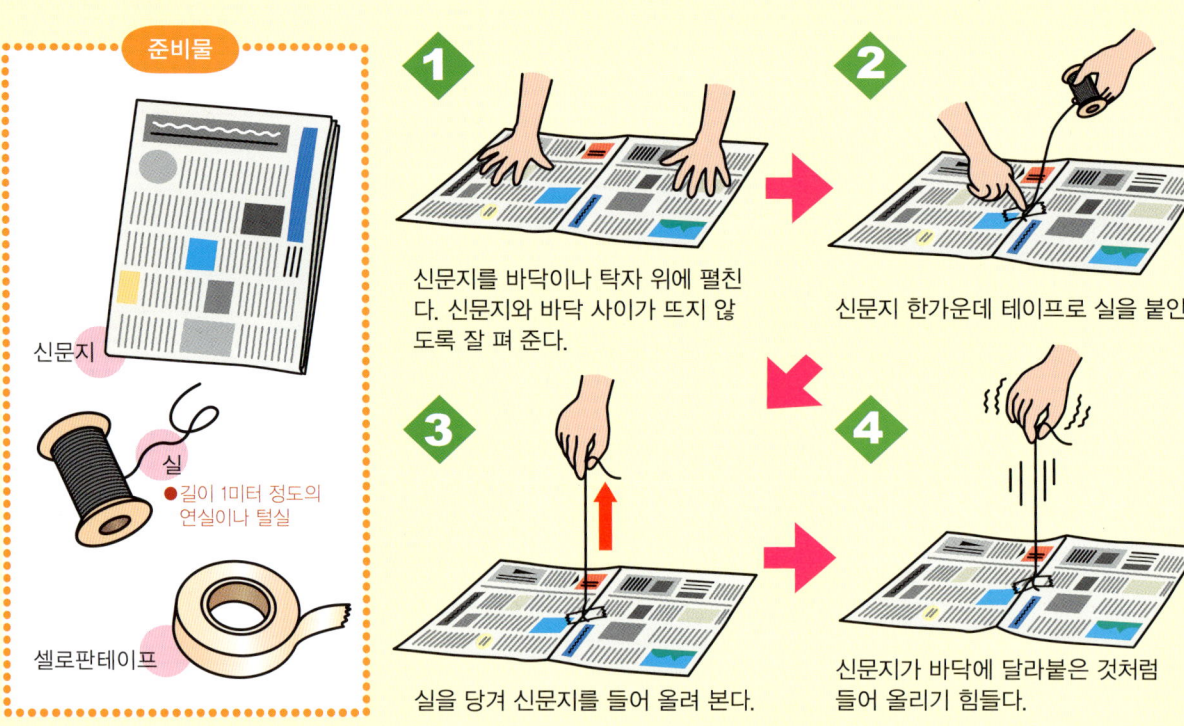

준비물: 신문지, 실 (길이 1미터 정도의 연실이나 털실), 셀로판테이프

1 신문지를 바닥이나 탁자 위에 펼친다. 신문지와 바닥 사이가 뜨지 않도록 잘 펴 준다.

2 신문지 한가운데 테이프로 실을 붙인다.

3 실을 당겨 신문지를 들어 올려 본다.

4 신문지가 바닥에 달라붙은 것처럼 들어 올리기 힘들다.

무거워지는 신기한 신문지

과학의 원리를 찾아라

지구에 있는 물체는 모두 대기의 압력을 받고 있다!

높은 산 위에서는 대기가 얕은 만큼 기압도 낮다.
- 에베레스트 산 정상 (8850 미터)
- 보통의 산 (약 3000 미터)
- 지면 (0 미터)

보통은 모든 쪽에서 기압을 받지만 무겁다고 느끼지 못한다.

신문지의 표면에 걸린 기압을 실 한 줄로 들어 올리면 무겁게 느껴진다.

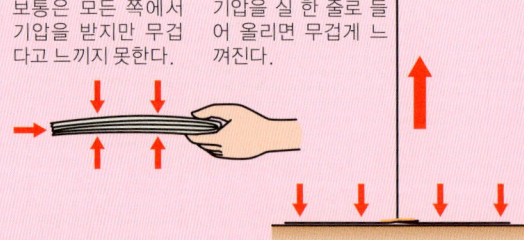

- 지구는 대기라는 공기의 층에 둘러싸여 있다. 공기에도 무게가 있기 때문에 지면에서는 넓이 1 제곱센티미터 당 1 킬로그램이나 되는 무게가 걸린다.
- 지구 위 물체는 대기의 무게인 기압을 받는다.
- 신문지를 바닥에 딱 붙여 펼치면 기압은 신문지를 아래로 누르게 된다.
- 이때 실을 붙인 한 곳으로만 들어 올리려고 하면 무겁게 느껴진다.

책속부록2

플러스 인물정보 1

대륙 이동설을 주장한 지구물리학자 베게너 *Alfred Wegener*

■ 연표

1880년	11월 1일, 독일 베를린 출생
1905년	베를린 대학에서 천문학 학위를 받음
1906년	기구경기대회에서 체공시간 세계기록 달성. 그린란드로 탐험 떠남
1910년	대륙 이동설을 생각해 냄
1912년	지학협회에서 대륙 이동설을 발표. 다시 그린란드로 떠나 다음 해에 돌아옴
1915년	《대륙과 대양의 기원》 출판
1924년	《지질시대의 기후》 출판. 오스트리아 그라츠 대학 교수가 됨
1926년	아메리카 석유지질학협회에서 대륙 이동설에 관한 회의가 열림
1929년	세 번째 그린란드 탐험을 떠남
1930년	대장으로 네 번째 그린란드 탐험을 떠났지만 11월에 조난 당함
1931년	5월 9일, 베게너의 유해가 발견됨

기후와 지질을 연구한 베게너는 지구 곳곳의 지질이나 생물 등을 관찰하면서 '지금 지구 상의 대륙은 원래 하나였던 큰 대륙이 나뉘어 이동한 것'이라고 생각했다. 이것을 대륙 이동설이라고 한다. 당시에는 너무 대담한 학설이었기 때문에 과학자들의 인정을 받지 못했다. 베게너는 자신이 생각해 낸 대륙 이동설을 증명하기 위해 목숨을 걸고 수많은 연구와 노력을 거듭했다.

퀴즈 대륙 이동설의 증거는 무엇일까?

베게너는 대륙 이동설이 옳다는 것을 입증하는 증거를 몇 가지 찾아냈다. 그중에서도 당시에는 수수께끼로 여겨졌지만 대륙 이동설로는 설명이 가능한 현상이 있었다. 무엇일까?

가 남아메리카와 아프리카에서 바다를 건널 수 없는 같은 종류의 생물 화석이 발견되었다.

나 남아메리카와 아프리카에 사는 사람들의 혈액형 비율이 같다.

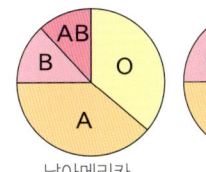

다 남아메리카와 아프리카에 있는 산의 높이가 같다.

➡ 정답은 다음 장에

플러스 인물정보

◆어떤 아이였을까?
자연에서 뛰어놀며 건강해졌다

베게너는 목사 집안에서 태어났다. 목사는 여러 학문을 공부하는데, 할아버지인 빌헬름 베게너는 박물학자로 유명했다. 철학박사였던 아버지는 날 때부터 몸이 약한 베게너를 밖에서 뛰어놀게 하여 강한 아이로 자라도록 했다. 자연에 흥미를 갖게 된 베게너는 훗날 천문학을 배우기 위해 대학에 입학했지만, 천체 관측보다 기상 관측을 좋아했다. 지구의 기상 관측을 위해 탐험을 할 수 있었기 때문이다. 어린 시절 키운 모험심이 그를 기상학자로 만든 것이다.

◆어째서 위대한가?
죽은 뒤에 인정받은 대륙 이동설

어느 날 세계지도를 보던 베게너는 아프리카 대륙의 서쪽이 남아메리카 대륙의 동쪽과 닮았다는 것을 눈치 챘다. 베게너는 이 두 대륙은 오랜 옛날 하나였을지도 모른다고 생각하고 지구 상의 대륙은 조금씩 이동하고 있다는 대륙 이동설을 발표했다. 현재 이 설은 판구조론이라는 한층 더 발전한 학문으로 연구되고 있다. 또한 과학적인 측정으로 실제 대륙이 움직인다는 게 증명되었다. 하지만 베게너는 100년도 전에 이런 새로운 이론을 발표하고, 증명 연구를 계속한 것이다.

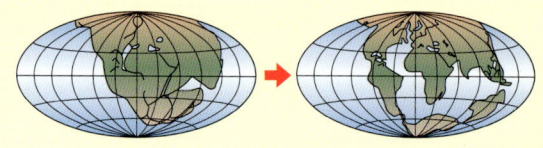

약 2억 년 전, 지구는 조금씩 이동해 현재의 모양이 되었다.

◆어떻게 살았을까?
대륙 이동설 증명에 인생을 바쳤다

베게너는 대학 교수를 하면서 대륙 이동설을 증명하는 일에 일생을 바쳤다. 북극과 가까운 그린란드가 가장 움직임이 활발하다고 생각한 그는 직접 조사를 했으나 생각만큼 결과가 좋지 않아 몇 번이고 좌절했다. 하지만 포기하지 않고 연구를 계속했다. 그러던 1930년, 네 번째 그린란드 탐험에 나섰던 베게너는 7개월 뒤 실종되고 말았다. 그의 유해는 이듬해 수색대에 의해 발견되었다.

◀베게너가 대륙 이동설을 증명하기 위해 찾았던 그린란드. 북극권에 있어 전체가 눈으로 덮여 있으며, 겨울에는 해도 뜨지 않고 추운 날이 계속된다.

기구 비행시간으로 세계기록을 세웠다

모험을 좋아한 베게너는 대학 시절 형과 함께 기구 비행에 푹 빠져 있었다. 마침 미국에서 라이트 형제가 엔진이 달린 비행기로 최초 비행에 성공할 무렵이었다. 하늘 높이 바람을 타고 국경을 넘어서 폴란드까지 날아가 행방불명 소동이 난 적도 있었다. 하지만 형제의 모험심은 식을 줄 몰라, 1906년에는 기구 비행대회에서 비행시간으로 세계기록을 세웠다. 그때까지의 기록인 35시간을 깨고 17시간이나 늘려 52시간을 비행한 것이다.

정답

가 남아메리카와 아프리카에서 바다를 건널 수 없는 같은 종류의 생물 화석이 발견되었다.

파충류인 메소사우루스 화석이 남아메리카와 아프리카에서만 발견된 것이 당시에는 풀리지 않는 수수께끼였다. 메소사우루스는 민물에 사는 생물로 바다를 건널 수 없다. 게다가 두 대륙은 6천 킬로미터나 떨어져 있었다. 이 수수께끼는 '오랜 옛날에 하나의 육지였다는' 대륙 이동설로 하면 설명이 된다.

책속부록2

플러스 인물정보 2

공룡이라는 단어를 만든 고생물학자 **오웬** *Richard Owen*

■ 연표

1804년	7월 20일, 영국 랭커스터 출생
1809년	아버지가 세상을 떠남
1824년	에든버러 대학에 입학
1836년	왕립의과대학 비교해부학 교수가 됨
1841년	그때까지 발견되었던 메갈로사우루스 등의 화석 파충류 무리를 '공룡(다이노소어)'이라 부름
1856년	대영박물관 자연사 부문의 책임자가 됨
1859년	영국왕실로부터 기사 작위를 받음. 그 해 발표된 다윈의 《종의 기원》에 반대 입장을 취함
1866년	논문 「척추동물 해부학과 생물학에 관하여」를 발표함
1881년	자연사박물관의 초대관장이 됨
1892년	12월 18일, 88세로 사망

오웬은 19세기에 활약한 영국의 해부학 및 고생물학자이다. 젊은 시절부터 우수한 의사로 활동하던 중 화석을 연구하는 고생물학에 관심을 갖게 되었다. 그리고 화석으로 발견된 파충류의 골격을 가진 생물 무리에 '공룡'이라는 이름을 붙여서 분류하기도 했다. 그가 연구한 대부분은 이후 새로운 발견이 이어지면서 과거에 묻혀 버렸지만, 공룡이라는 단어는 언제나 남아 있을 것이다.

퀴즈 어떤 방법으로 전했을까?

오웬은 진화론을 발표한 다윈을 정면으로 반대한 학자로도 유명하다. 어떤 방법으로 반대 의견을 전했을까?

가 잡지에 익명으로 글을 썼다.

나 다윈을 불러 직접 얘기했다.

다 다윈이 논문을 발표할 수 없도록 했다.

정답은 다음 장에

플러스 인물정보

◆어떤 아이였을까?
해부학에서 고생물 연구로

오웬은 영국 북서부 랭커스터에서 태어났다. 5세에 아버지를 여의고 가정 형편이 넉넉하지 않았지만 워낙 공부를 잘했기 때문에 지역의 명문 중학교에 진학할 수 있었다. 16세에 지역 외과의사의 제자로 들어간 뒤, 해부학에 끌려 에든버러 대학에서 의학을 공부한다. 해부학 연구를 하면서 고생물에도 흥미를 갖게 된 오웬은 화석 연구를 시작하게 되었다.

◆어째서 위대한가?
멸망한 파충류에 이름을 붙였다

당시 강대국이었던 영국은 학문에서도 세계를 이끌고 있었다. 영국의 식민지가 넓어질수록 오웬의 연구 분야도 넓어졌기 때문에 많은 화석을 얻을 수 있었다. 이렇게 영국, 아메리카, 아프리카, 뉴질랜드 등지에 화석 뼈의 형태를 조사하는 동안 오웬은 메갈로사우루스나 이구아노돈처럼 멸망한 파충류를 하나의 무리로 묶고, 그리스어로 '무섭다'와 '도마뱀'이라는 단어를 합쳐 공룡(다이노소어)이라는 이름을 붙였다.

◆어떻게 살았을까?
과학자로서 높은 위치에 올랐다

오웬은 훌륭한 과학자인 동시에 사교성도 갖추었다. 이 두 가지 능력 덕분에, 그는 어린 나이에 대학 교수가 될 수 있었다. 오웬은 과학자로서의 지위가 아주 높았는데, 런던 동물원에서 죽은 동물을 제일 처음으로 해부할 권리를 갖고 있을 정도였다.

하지만 오웬은 다윈의 진화론 등 성서를 부정하는 학설을 주장하는 과학자를 인정하지 않았다. 때문에 세월이 흐르면서 과학적인 영향력은 사라지고 말았다.

▲세계 최초로 화석이 발견된 이구아노돈(좌)과 처음으로 공룡이라 불린 메갈로사우루스(우). 이구아노돈의 머리에 그려진 뿔은 나중에 앞발의 엄지였다는 게 밝혀져 현재는 ▶그림과 같은 모습으로 상상한다.

상동과 상이

과학자로서 오웬은 상동과 상이에 대한 생각을 분명히 갖고 있었다고 평가받고 있다. 상동은 형태나 쓰임새가 달라도 진화의 방법이 같은 것을 말한다. 예를 들어 새의 날개와 인간의 팔은 형태와 쓰임새도 다르지만, 상동의 관계가 된다. 반면 상이란, 형태나 쓰임새는 닮았지만 진화 방법이 다른 것을 가리킨다. 예를 들어 새의 날개와 나비의 날개는 형태나 쓰임새는 닮았지만, 각각 진화했기 때문에 상이의 관계이다. 진화론에 반대했던 오웬이지만, 상동과 상이는 현재도 생물의 진화를 연구할 때의 기본 이념으로 인정받고 있다.

정답
가 잡지에 익명으로 글을 썼다.

다윈이 1859년에 「종의 기원」으로 발표한 진화론은 생물은 공통의 조상에서 오랜 시간에 걸쳐 조금씩 변화해 내려왔다는 이론이다. 하지만 오웬은 생물을 포함한 모든 것은 신이 만들었다는 기독교를 믿고 있었다. 그는 잡지를 통해 진화론을 철저하게 비판했다. 또한, 진화론과 기독교의 가르침을 주제로 한 공개토론회에서 기독교 측의 발표에 자문을 하기도 했다.

책속부록2

플러스 인물정보 3

원소 주기율표를 만든 화학자 멘델레예프 *Dmitri Ivanovich Mendeleev*

■ 연표

1834년	2월 7일, 러시아 시베리아 출생
1847년	아버지를 여의게 됨
1849년	중등학교졸업 후 어머니, 누나와 함께 상트페테르부르크로 이주
1850년	상트페테르부르크 고등사범학교에 입학
1855년	상트페테르부르크고등사범학교 졸업 후 교사가 되지만 바로 결핵에 걸려 오뎃사의 학교로 옮김
1857년	다시 상트페테르부르크로 돌아와 상트페테르부르크 대학의 화학 강사가 됨
1859년	독일의 하이델베르크로 유학
1865년	상트페테르부르크 대학 교수가 됨
1869년	러시아 화학회에서 주기율표에 관한 논문을 발표
1890년	대학을 그만두고, 해군 기술고문 등을 지냄
1907년	2월 2일, 72세로 사망

멘델레예프는 원소의 주기율표를 만든 화학자이다. 멘델레예프는 그때까지 발견된 63개의 원소에 규칙적으로 닮은 특징이 있음을 발견하고 표로 만들었다. 또한 발견되지 않은 원소에 대해 예언하기도 했는데, 훗날 사실로 확인되었다.

퀴즈 무엇을 연구했을까?

멘델레예프는 주기율표 외에도 러시아 산업에 중요한 무엇에 관한 연구도 했다. 과연 무엇일까?

가 석탄

나 철강

다 석유

정답은 다음 장에 →

플러스 인물정보

◆어떤 아이였을까?
가난과 병과 싸우며 공부했다

멘델레예프는 러시아 제국의 시베리아 지방의 노보리스크에서 태어났다. 아버지가 교사였지만 자식이 14명이나 되었기 때문에 집은 가난했다. 그럼에도 일찌감치 멘델레예프의 재능을 본 부모는 그를 계속 공부시켰다. 13세 무렵 아버지가 죽자, 어머니는 가족을 데리고 상트페테르부르크로 옮겨 생계를 꾸렸다. 덕분에 멘델레예프는 1850년 고등사범학교에 진학하게 되지만 졸업 무렵 결핵에 걸려 병마와 싸우며 공부해야 했다.

◆어째서 위대한가?
원소 주기율표를 만들었다

멘델레예프는 그때까지 발견된 63가지 원소에 규칙성이 있음을 깨닫고, 원자의 질량 순으로 배열할 생각을 했다. 원소 각각의 카드를 만들어 비슷한 성질의 원소를 같은 열에 오게 배치했다. 이렇게 구성한 것이 원소의 주기율로, 지금도 쓰이고 있는 원소 주기율표의 원형이 만들어졌다.
멘델레예프는 주기율표에서 당시 아직 발견되지 않은 세 개의 원소가 있을 거라고 예언했다. 훗날 다른 과학자들에 의해 세 개의 원소(갈륨, 스칸듐, 게르마늄)가 발견되어 그의 예언이 옳았다는 사실이 밝혀졌다.

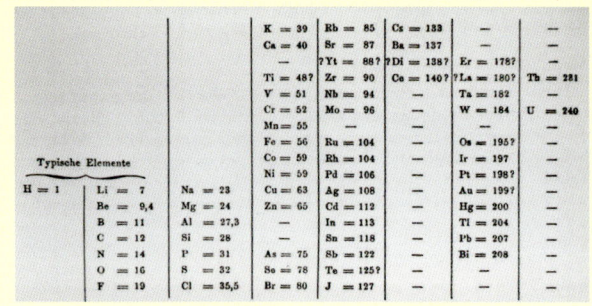

멘델레예프의 원소 주기율표

◆어떻게 살았을까?
러시아 화학을 크게 발전시켰다

멘델레예프가 원소를 연구해서 주기율표를 만들어 내기까지 고작 2년이 걸렸다. 당시 러시아는 다른 유럽 나라에 비해 학문적으로 뒤처져 있었지만, 멘델레예프의 발견으로 많이 진보했다는 평을 들었다.
그 밖에도 많은 연구를 한 멘델레예프는 노벨상 후보에 올랐지만 아깝게 한 표 차이로 떨어져 평생 노벨상을 받지 못했다. 이후 계속 원소가 발견되어 원자 번호로 정리한 주기율표가 확립되면서 멘델레예프의 업적이 인정받게 되었다. 1955년에 발견된 원자 번호 101번의 새 원소는 그의 이름을 따서 멘델레븀(Md)이라고 붙여졌다.

원소 주기율표

지구 상의 모든 물질은 원소로부터 생겨난다. 예를 들어 물은 수소(원소 기호 H)와 산소(원소 기호 O)라는 원소가 결합해 생긴 물질이다. 이 원소들을 기준으로 삼아 원자의 질량 순으로 나열한 것이 멘델레예프가 만든 주기율표다. 표를 보면 원소는 일정한 주기로 비슷한 성질이 드러나는 것을 알 수 있다.
※현재의 주기율표는 원소가 원자 번호 순으로 나열되어 있다.

  석유   멘델레예프는 유기화합물 연구를 하는 동안 특히 석유에 관심을 보였다. 카스피해 근처에 대규모 유전이 개발되어 거기서 석유에 관한 공부를 했다. 그 유전에서 얻은 석유는 현재도 러시아와 주변 국가의 소중한 자원이 되고 있다.

Why?로 쌓은 과학 기초, Why+로 업그레이드 하세요!
와이플러스 과학 시리즈

생활과학
거울은 왜 반대로 보일까? 비가 오면 왜 길이 미끄럽지? 바코드에는 무엇이 쓰여 있을까? 등 우리 주변 곳곳에 숨어 있는 과학을 찾아내어 알기 쉽고 재미있게 설명해 줍니다.

곤충외
게으른 개미가 있다고? 모기는 왜 피를 빨까? 반딧불이는 어떻게 빛을 낼까? 등 어린이들이 궁금해하는 곤충·파충·양서류의 생태와 비밀 이야기를 가득 담았어요.

식물
지구상에 살고 있는 수많은 식물은 저마다 재미있고 신기한 비밀을 품고 있어요. 꽃은 왜 아름다운 색을 띠는지, 나무의 나이테는 왜 생기는지 함께 알아 보아요.

포유동물
판다는 왜 대나무만 먹을까? 돌고래가 말을 할 수 있을까? 흡혈박쥐는 정말 있을까? 등 어린이들이 궁금해하는 포유류에 대한 비밀에 대해 재미있고 자세하게 알려 줍니다.

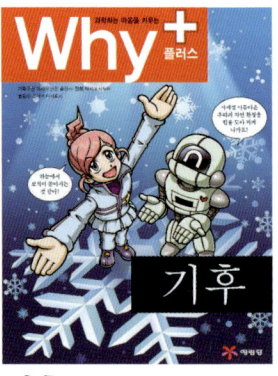

기후
지구는 우리에게 꼭 맞는 환경과 기후를 제공해요. 비나 눈, 구름 등은 어떻게 생기는지, 태풍은 어디에서 오는지, 지구온난화는 무엇인지 등 기후에 대해 폭넓게 알아보아요.

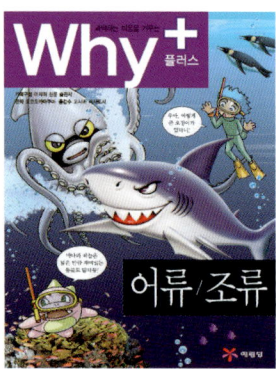

어류/조류
다랑어 살은 왜 빨간 걸까? 오징어 팔은 왜 많을까? 까마귀는 정말 똑똑할까? 등 어린이들이 궁금해하는 어류/조류에 대한 비밀을 알기 쉽고 재미있게 설명해 줍니다.

편집기획 아사히 신문 출판사/ 만화 히로세 아유무 외/ 총감수 고시바 마사토시
128~144쪽/ 188mm×250mm/ 각권 11,000원

"새로운 형식의 재미있는 과학학습서!"

학습만화와 백과사전의 장점만을 모은 Why⁺로 과학하는 마음을 키우세요.

지구
오랜 역사를 가진 지구는 그만큼 많은 비밀을 간직하고 있어요. 최초의 생물은 무엇일까? 공룡은 언제 사라졌을까? 등 어린이들이 궁금해하는 수수께끼를 풀어 줍니다.

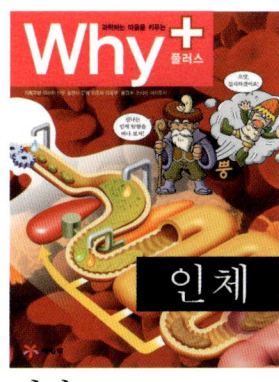

인체
가슴은 왜 뛸까? 똥은 왜 냄새가 날까? 키가 크려면 어떻게 해야 할까? 사람은 왜 죽을까? 등 어린이들이 궁금해하는 우리 몸에 대한 비밀을 쉽고도 자세하게 알려 줍니다.

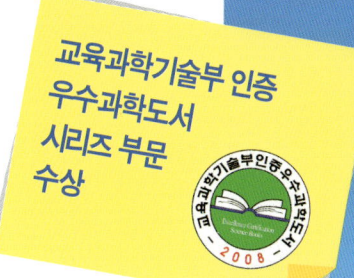

교육과학기술부 인증
우수과학도서
시리즈 부문
수상

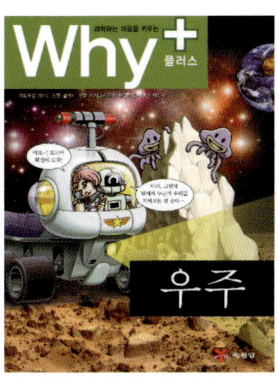

우주
우주의 끝에는 무엇이 있을까? 무한한 우주에 대한 여러 궁금증을 풀어 보고, 직접 먼 우주를 관측하려는 인간의 노력과 날로 발전하는 우주 과학에 대해서도 알아보아요.

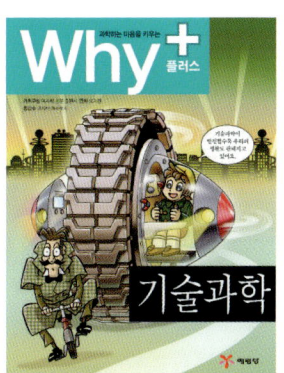

기술과학
텔레비전, 전자레인지 같은 가전제품부터 자동차, 기차 등의 교통수단에 이르기까지 우리 생활을 편하게 해 주는 유형·무형의 기술에 대한 궁금증을 풀어 줍니다.